★ 나의 다짐

나 _____ 은/는
앞으로 4주 동안
매일 글씨 쓰기 연습을
열심히 하겠습니다.

사인 _____

가족의 응원 한마디

친구의 응원 한마디

4주 완성, 초등 글씨 교정 훈련

저학년 바른 글씨

길벗스쿨

4주 완성, 초등 글씨 교정 훈련

저학년 바른글씨

초판 발행 · 2019년 7월 1일
개정 1쇄 발행 · 2025년 7월 14일

지은이 · 기적학습연구소
발행인 · 이종원
발행처 · (주)길벗스쿨
출판사 등록일 · 2025년 5월 28일
주소 · 서울시 마포구 월드컵로 10길 56(서교동)
대표 전화 · 02)332-0931 | **팩스** · 02)333-5409
홈페이지 · www.gilbutschool.co.kr | **이메일** · gilbut@gilbut.co.kr

책임 편집 · 김정현 | **편집 진행** · 이경은
제작 · 이준호, 손일순, 이진혁 | **영업마케팅** · 문세연, 박선경, 구혜지, 박다슬 | **웹마케팅** · 박달님, 이재윤, 이지수, 나혜연
영업관리 · 김명자, 정경화 | **독자지원** · 윤정아
디자인 · (주)더다츠 | **전산편집** · 그리드 | **삽화** · 권석란
인쇄 · 교보피앤비 | **제본** · 신정문화사

▶ 이 책은 저작권법의 보호를 받는 저작물로 이 책에 실린 모든 내용, 디자인, 이미지, 편집 구성은 허락 없이 복제하거나
  다른 매체에 옮겨 실을 수 없습니다.
▶ 인공지능(AI) 기술 또는 시스템을 훈련하기 위해 이 책의 전체 내용은 물론 일부 문장도 사용하는 것을 금지합니다.
▶ 잘못 만든 책은 구입한 서점에서 바꿔 드립니다.

ISBN 979-11-7467-008-3 73640(길벗스쿨 도서번호 11064)
정가 14,000원

독자의 1초를 아껴주는 정성 **길벗출판사**

(주)길벗스쿨 | 국어학습서, 수학학습서, 영어학습서, 유아동 단행본
(주)도서출판 길벗 | IT단행본&교재, 성인어학, 교과서, 수험서, 경제경영, 교양, 자녀교육, 취미실용

머리말을 대신하는 이야기

"제발 알아보게만 썼으면 좋겠어요!"
"자기 글씨를 본인이 못 알아봐요!"
"글씨를 해독해야 하는 수준에 이르렀어요!"

이 책을 준비하면서 듣게 된 여러분 부모님의 고민이에요. 글씨를 잘 쓰라는 부모님의 잔소리, 한 번쯤 들어 본 적 있지요? 우리 친구들은 부모님의 고민이 이해가 안 갈지도 몰라요. 키보드와 스마트폰 위로 손가락만 타닥타닥 두들기면 쉽게 글이 써지는 스마트한 세상에 살고 있으니까요. 하지만 여러분은 학생이기 때문에 글씨 쓰는 것에서 벗어날 수 없어요. 글씨를 잘 써야 공부도 잘한다는 부모님, 선생님의 말씀은 절대 틀린 말이 아니에요. 늘 해야만 하고, 잘하는 게 좋다면 글씨 잔소리를 듣지 않도록 우리가 한번 노력해 볼 수 있지 않을까요?

이제 막 연필을 잡기 시작한 저학년 친구들은 지금 글씨 쓰는 습관을 잡아야 해요. 그래야 계속 잘 쓸 수 있어요. 우선 연필을 바르게 잡고, 자세도 바르게 하세요. 손과 팔이 조금 아프겠지만 한 글자 한 글자 또박또박 쓰는 연습을 꾸준히 하다 보면 집중력과 끈기가 생겨난답니다. 매일 조금씩 달라지는 내 글씨를 보면 뿌듯한 마음이 들어서 더 잘 쓰고 싶은 욕심도 생길 거예요.

자기가 쓴 글씨를 못 알아봐서 웃픈 상황에 빠진 고학년 친구들이라면 지금 당장 글씨 연습을 시작해야 합니다. 시험지에 적은 내 글씨를 선생님께서 못 알아본다고 생각해 보세요. 너무 끔찍하지 않나요? 학년이 올라갈수록 수업 때 배운 내용을 스스로 요약·정리해 보는 시간, 내 생각을 글씨로 표현하는 시간도 점점 많아질 겁니다. 삐뚤빼뚤한 내 글씨를 지금 바로잡지 않으면 나중에 더 난처한 상황에 빠질 수 있다는 것을 명심하세요.

기적학습연구소에서는 어떻게 하면 여러분이 쉽고 효율적으로 글씨 연습을 할 수 있을까 고민했어요. 글씨 쓰기가 손 아픈 노동이 되지 않기를 바라는 마음에서 여러분의 공부에 도움이 될 만한 낱말과 필수 문장을 서너 번 연습할 수 있게 구성했어요. 꼭 많이 쓰지 않아도 돼요. 한 번을 써도 천천히 또박또박 쓰려는 마음으로 써 보세요.

이 책으로 하루 10분, 4주 동안 연필을 바르게 잡고, 자세 똑바로 하고, 글씨를 써 보세요.
부모님의 글씨 잔소리가 사라질 거예요. 4주 후면 누구나 알아볼 수 있는 바른 글씨가 완성될 테니까요.

그럼 이제 글씨 쓰기를 시작해 볼까요?

2019년 7월
기적학습연구소

이 책의 구성과 특징

① 저학년용, 고학년용 2권으로 구성되어 있어 학년에 맞게 글씨 연습을 할 수 있습니다.

저학년용
글씨 쓰기를 시작하는 1~2학년 친구들에게 추천해요!

고학년용
삐뚤빼뚤 내 글씨를 바로잡고 싶은 3학년 이상의 친구들에게 추천해요!

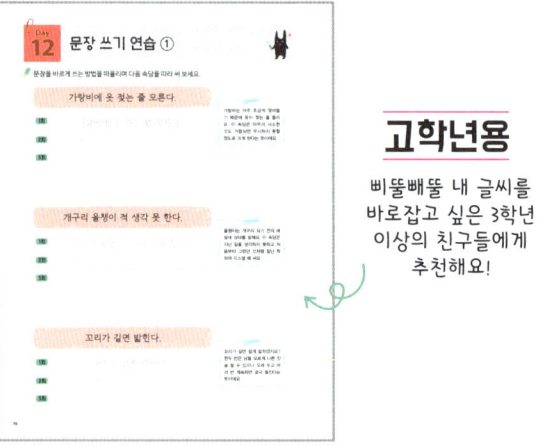

《저학년 바른 글씨》는 글씨 쓰기의 기본을 다질 수 있도록 큰 글씨를 칸 공책에 쓰는 연습을 합니다. 그리고 교과서에 제시된 낱말을 수록하여 어휘력을 기를 수 있도록 구성하였습니다. 《고학년 바른 글씨》는 작은 글씨를 줄에 바르게 쓰는 연습을 합니다. 그 다음 관용 표현이나 속담, 주요 과목의 요점을 따라 쓰면서 교과 지식을 쌓을 수 있게 구성하였습니다.

② 큰 글씨에서 작은 글씨로, 덮어 쓰기 → 따라 쓰기 → 홀로 쓰기로 난이도를 높여 갑니다.

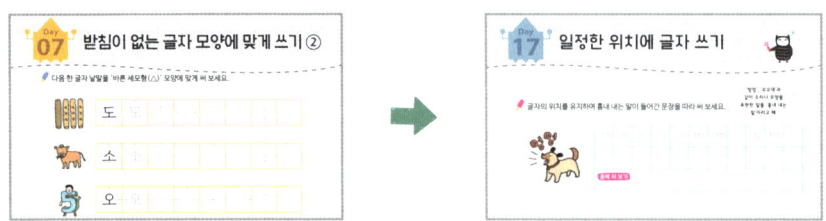

처음에는 칸에 큰 글씨로 쓰는 연습을 시작합니다. 큰 글씨로 연습하며 선이 반듯하게 그어졌는지, 자음과 모음의 위치가 바른지, 모양에 맞게 썼는지 스스로 파악한 후 점점 작아지는 칸, 줄에 글씨를 쓰며 본인에게 맞는 글씨 크기를 잡아 갑니다. 그리고 처음에는 글자 위에 그대로 덮어 쓰다가 그 글자를 빈칸, 빈 줄에 따라 쓰는 연습을 합니다. 덮어 쓰기와 따라 쓰기로 연습한 다음 나의 글씨로 홀로 쓰기를 하며 글씨 연습을 마무리합니다.

③ 학생들이 연습하기에 효과적인 고딕체로 글씨 연습을 합니다.

명조(궁서)체   고딕체

학교에서는 명조(궁서)체로 글씨 연습을 합니다. 명조(궁서)체는 선이 맑고 부드러운 느낌을 주지만 처음 글씨 연습을 하는 학생들은 어렵고 힘들다고 느낄 수 있습니다. 특정 자음과 모음의 획수가 달라 보이고, 가로획과 세로획을 꺾어 쓰기 때문입니다. 이에 반해 고딕체는 반듯한 느낌의 서체로 학생들이 자음, 모음의 정확한 모양과 순서를 익히기에 적절합니다. 그래서 이 책에서는 고딕체로 글씨를 연습합니다.

④ 하루 10분, 4쪽씩 꾸준히 연습하면 4주 만에 바른 글씨를 완성할 수 있습니다.

매일 4쪽씩만 연습해 보세요. '나의 다짐'과 '학습 계획표'를 뜯어 책상 위에 붙여 놓고 매일 체크하며 글씨 쓰는 습관을 잡아 가세요. 꾸준히, 정성껏, 차근차근 쓴다면 달라진 여러분의 글씨를 만날 수 있어요.

 ## 이 책의 활용

《저학년 바른 글씨》는 '준비 → 연습 → 실전' 3단계로 글씨 쓰기 연습을 합니다.

✅ 준비 단계 글씨를 잘 쓰기 위한 준비 운동을 합니다.

연필 바르게 잡기, 바르게 앉기

선 긋기 연습하기

✅ 연습 단계 본격적인 글씨, 문장 쓰기 연습을 합니다.

순서에 맞게 글씨 쓰기

모양에 맞게 글씨 쓰기

덮어 쓰기
회색 글자 위에 그대로 덮어 쓰며 연습합니다.

↓

따라 쓰기
글자를 보고 따라 쓰며 연습합니다.

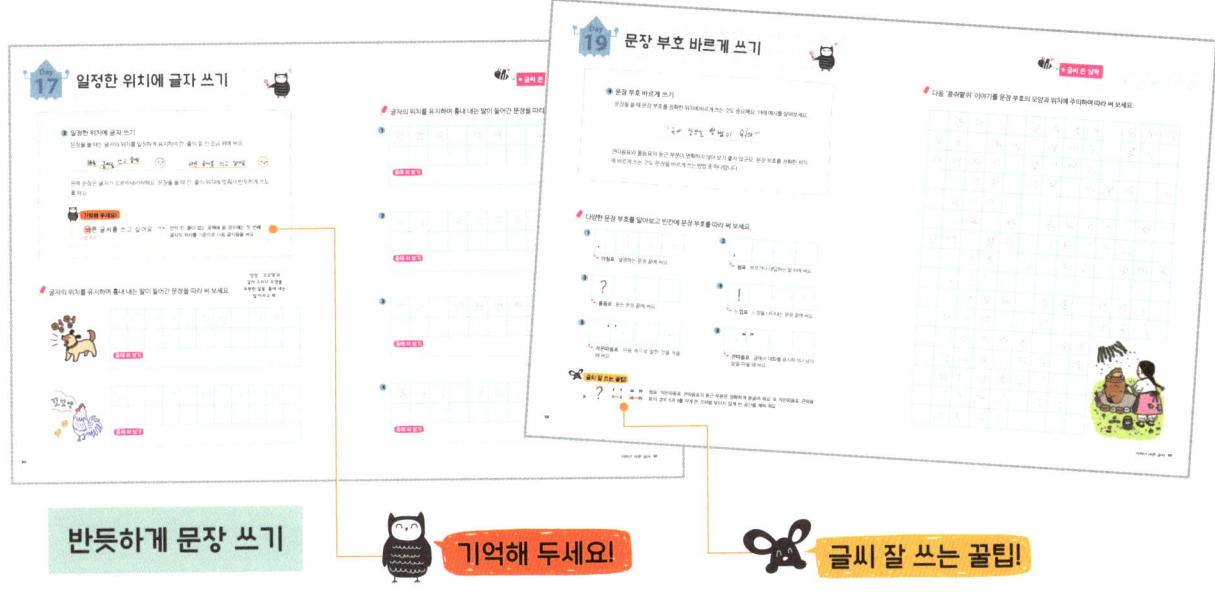

반듯하게 문장 쓰기

기억해 두세요!
글씨를 쓸 때 기억하고 주의해야 할 점들을 보여 줍니다.

글씨 잘 쓰는 꿀팁!
글씨를 잘 쓰는 비법을 알려 줍니다.

✅ 실전 단계 다양한 글을 써 보며 배운 것을 적용해 봅니다.

실생활에 적용하기

홀로 쓰기
나만의 바른 글씨로 완성해 봅니다.

자유롭게 글씨 쓰기

내일은 글씨왕

저학년 바른 글씨 **7**

▶ 글씨 쓰기 전, 알아 두기 ———————— 10~11

1단원 글씨 쓰기 준비 운동

▶ **Day01** 선 긋기 연습하기 ———————— 14
▶ **Day02** 순서에 맞게 자음 쓰기 ———————— 18
▶ **Day03** 순서에 맞게 모음 쓰기 ———————— 22
▶ **Day04** 숫자, 연산 기호 쓰기 ———————— 26
▶ **Day05** 알파벳 쓰기 ———————— 30

쉬어가기 스트레칭

2단원 모양에 맞게 글씨 쓰기

▶ **Day06** 받침이 없는 글자 모양에 맞게 쓰기 ① ———————— 38
▶ **Day07** 받침이 없는 글자 모양에 맞게 쓰기 ② ———————— 42
▶ **Day08** 받침이 있는 글자 모양에 맞게 쓰기 ① ———————— 46
▶ **Day09** 받침이 있는 글자 모양에 맞게 쓰기 ② ———————— 50
▶ **Day10** 모양에 맞게 글씨 쓰기 복습 ———————— 54

쉬어가기 스트레칭

3단원 교과서 속 낱말 쓰기

- **Day11** 학교에 가면? — 62
- **Day12** 우리는 가족! — 66
- **Day13** 내 이웃 이야기 — 70
- **Day14** 알쏭달쏭 나 — 74
- **Day15** 봄, 여름, 가을, 겨울 — 78

쉬어가기 스트레칭

4단원 반듯반듯! 문장 쓰기

- **Day16** 일정한 크기로 글자 쓰기 — 86
- **Day17** 일정한 위치에 글자 쓰기 — 90
- **Day18** 알맞은 간격으로 띄어쓰기 — 94
- **Day19** 문장 부호 바르게 쓰기 — 98
- **Day20** 문장 쓰기 복습 — 102

쉬어가기 스트레칭

5단원 일상생활 속 다양한 글씨 쓰기

- **Day21** 그림일기 쓰기 — 110
- **Day22** 알림장 쓰기 — 114
- **Day23** 편지 쓰기 — 118
- **Day24** 독서 기록장 쓰기 — 122
- **Day25** 나를 소개합니다! — 126

글씨 쓰기 전, 알아 두기

글씨 쓰기의 가장 기본은 연필을 바르게 잡고, 바른 자세로 앉는 것입니다. 바른 자세는 한 번에 만들어지지 않습니다. 글씨를 쓸 때마다 바로잡고 또 바로잡으며 바른 자세가 습관이 될 수 있게 노력해 보세요.

연필 바르게 잡기

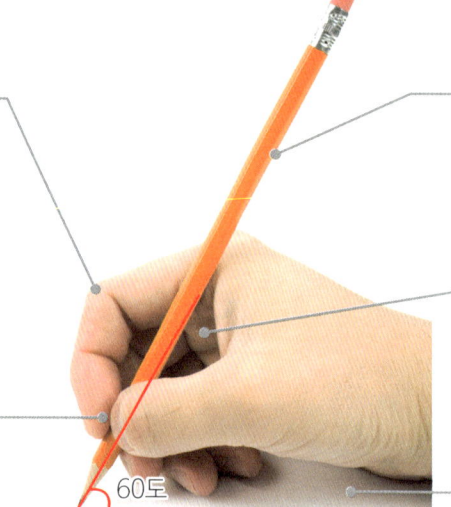

- 엄지 손가락과 검지 손가락의 모양을 둥글게 하여 연필을 잡아요.
- 왼손잡이 학생의 경우도 같은 방법으로 연필을 잡아요.
- 연필을 비스듬히 세우고, 적당한 힘을 주어 글씨를 써요.
- 연필심에서 2.5~3cm 떨어진 곳을 가볍게 잡아요.
- 연필과 종이의 각도는 60도 정도 되게 유지해요.

이렇게 잡으면 안 돼요!

① 연필을 너무 짧게 잡으면 팔 전체에 힘이 들어가 팔이 금방 아파요!

② 엄지가 검지보다 밑에 있으면 손이 움직일 수 있는 공간이 좁아져서 쓸 때 힘이 들어요!

③ 연필대를 세워서 잡으면 손에 힘을 제대로 줄 수 없어요!

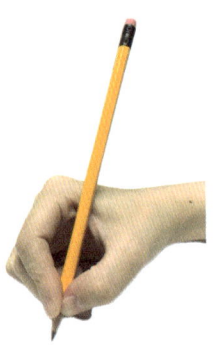 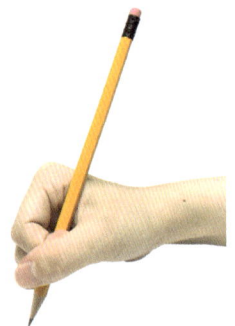 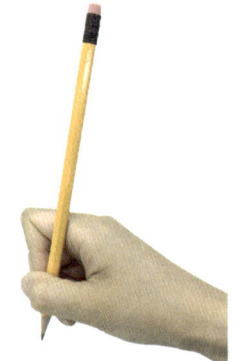

🖍 바르게 앉기

- 고개를 살짝 숙이고, 눈과 종이의 간격을 약 30~40cm 정도로 유지해요.
- 두 팔을 자연스럽게 책상 위에 올려놓고, 왼쪽 팔꿈치는 공책이나 종이가 움직이지 않도록 살며시 눌러요.
- 의자에 앉을 때 의자 등받이와 등 사이에 주먹 하나가 들어갈 정도로 당겨 앉고, 허리를 곧게 펴요.
- 키에 맞는 책상과 의자에 앉아요. 두 발이 바닥에 닿도록 해요.
- 주먹 크기만큼 책상과 떨어져 앉아요.

✅ 이렇게 앉으면 안 돼요!

① 허리를 구부리거나 엎드려서 글씨를 쓰면 손에 힘을 더 주게 되어 어깨가 아파요!
② 종이를 너무 가까이에 두고 글씨를 쓰면 문장이 삐뚤빼뚤해져요!
③ 종이를 기울여 놓고 쓰면 안 돼요! 그럼 글씨가 삐뚤어지거나 점점 올라가요!

🖍 왼손잡이는 어떻게 하죠?

왼손잡이 학생은 글씨를 써 나갈 때 자신이 쓴 글자가 보이지 않습니다. 그렇기 때문에 글씨를 바르게 썼는지 확인할 수 있는 시간을 충분히 가져야 합니다.

저학년 바른 글씨 **11**

1단원

글씨 쓰기 준비 운동

🏷️ 학습 내용

바른 글씨 쓰기의 준비 운동을 해 봅시다. 먼저 다양한 선 긋기를 하면서 글씨 쓰기의 기본을 다집니다. 그 다음에는 한글의 자음과 모음, 숫자와 알파벳을 순서에 맞게 쓰는 연습을 합니다.

잘 쓰고 싶은 마음에 하루에 많은 양을 하면 안 돼요. 매일매일 조금씩 천천히 연습을 해야 지치지 않고 꾸준히 해낼 수 있답니다.

🏷️ 학습 목차

▶ **Day01** 선 긋기 연습하기

▶ **Day02** 순서에 맞게 자음 쓰기

▶ **Day03** 순서에 맞게 모음 쓰기

▶ **Day04** 숫자, 연산 기호 쓰기

▶ **Day05** 알파벳 쓰기

▶ 쉬어가기 스트레칭

친구들, 글씨 쓰기 준비 운동 시작!

Day 01 선 긋기 연습하기

★ 우리가 자주 쓰는 글자를 떠올려 볼까요? 우리가 쓰는 글자는 선들로 이루어져 있어요. 한글도 그렇고 숫자, 알파벳도 마찬가지지요.

지호의 글씨를 엄마가 알아보지 못하네요. 지호가 선만 반듯하게 잘 그었어도 엄마가 알아볼 수 있었을 텐데 말이죠. 보기 좋은 글씨의 공통점은 선이 반듯하다는 거예요. 반듯한 선이 바른 글씨의 기본이라는 것! 꼭 기억하세요. 그럼 바른 글씨의 기본기를 쌓아 볼까요?

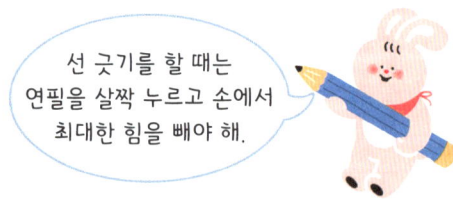

선 긋기를 할 때는 연필을 살짝 누르고 손에서 최대한 힘을 빼야 해.

✏️ 반듯한 선을 따라 그어 보세요.

✏️ 비스듬한 선을 따라 그어 보세요.

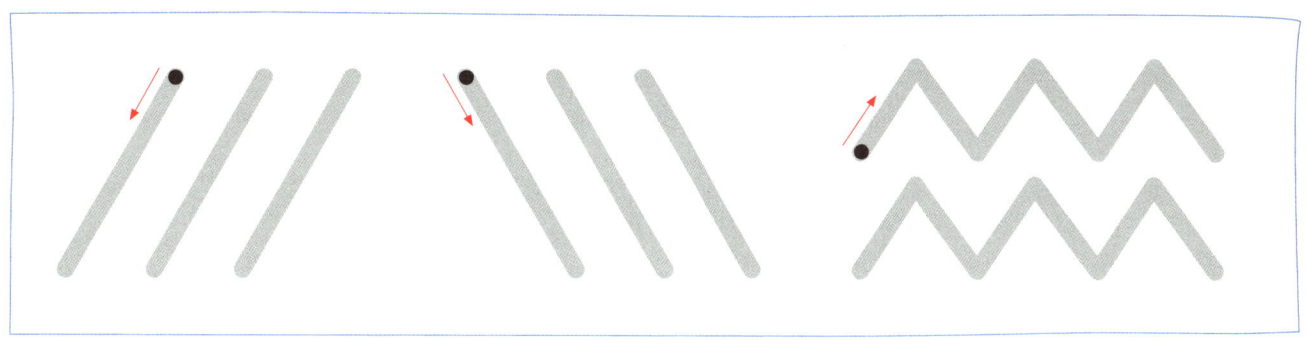

✏️ 선을 따라 그으며 집을 완성해 보세요.

✏️ 여러 가지 모양의 구불구불한 선을 따라 그어 보세요.

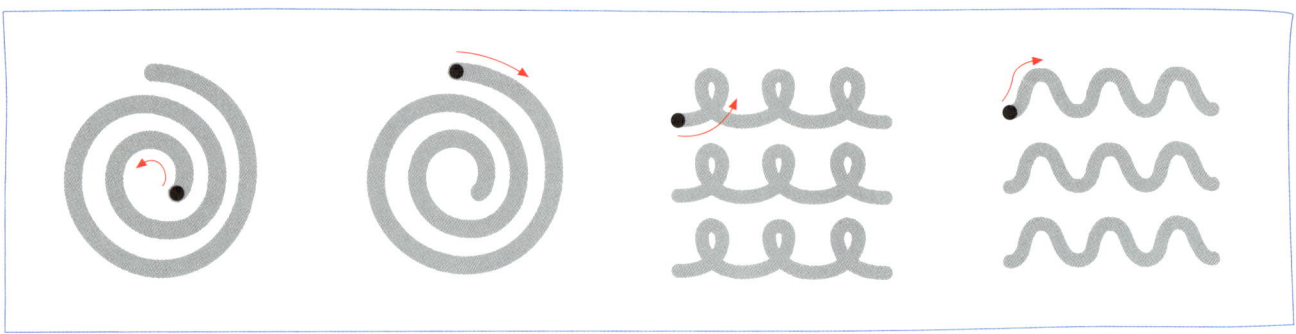

✏️ 선을 따라 그으며 사탕 그림을 완성해 보세요.

🖍 원을 따라 그어 보세요.

🖍 선을 따라 그으며 차와 신호등 그림을 완성해 보세요.

순서에 맞게 자음 쓰기

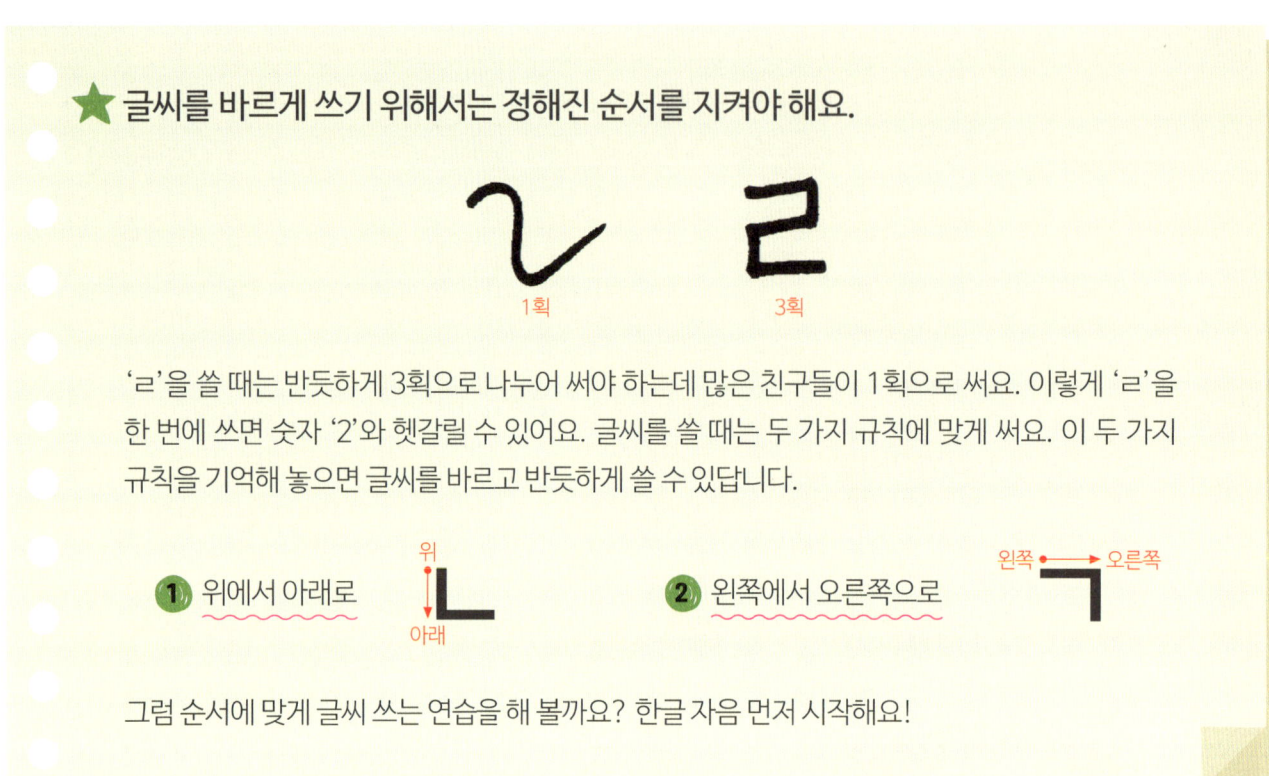

기본 자음

✏️ 기본 자음 14자를 순서에 맞게 따라 써 보세요.

연필을 떼지 말고 한 번에 쓰도록 해요.

| ㅈ | ㅈ | ㅈ | ㅈ | | | |

| ㅊ | ㅊ | ㅊ | ㅊ | | | |

| ㅋ | ㅋ | ㅋ | ㅋ | | | |

↪ ②번 선이 ❶번 선에 닿도록 끝까지 그어요.

| ㅌ | ㅌ | ㅌ | ㅌ | | | |

↪ 가로 선 3개의 길이가 같아야 해요.

| ㅍ | ㅍ | ㅍ | ㅍ | | | |

↪ 가로 선 ❶, ④번과 세로 선 ②, ③번 양끝이 닿도록 그어야 해요.

| ㅎ | ㅎ | ㅎ | ㅎ | | | |

쌍자음

쌍자음은 똑같은 자음을 두 개씩 붙여서 만든 글자예요. 쌍자음을 쓸 때는 두 자음의 크기가 같아야 해요. 쌍자음을 순서에 맞지 않게 쓰는 친구들이 많은데, 반드시 정해진 순서대로 써야 해요.

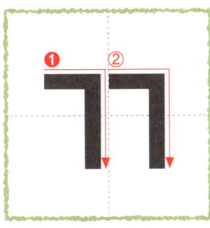 

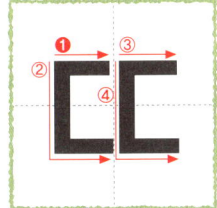 

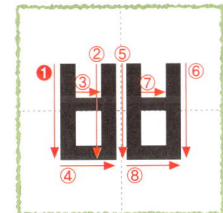 

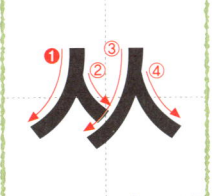 

순서에 맞게 모음 쓰기

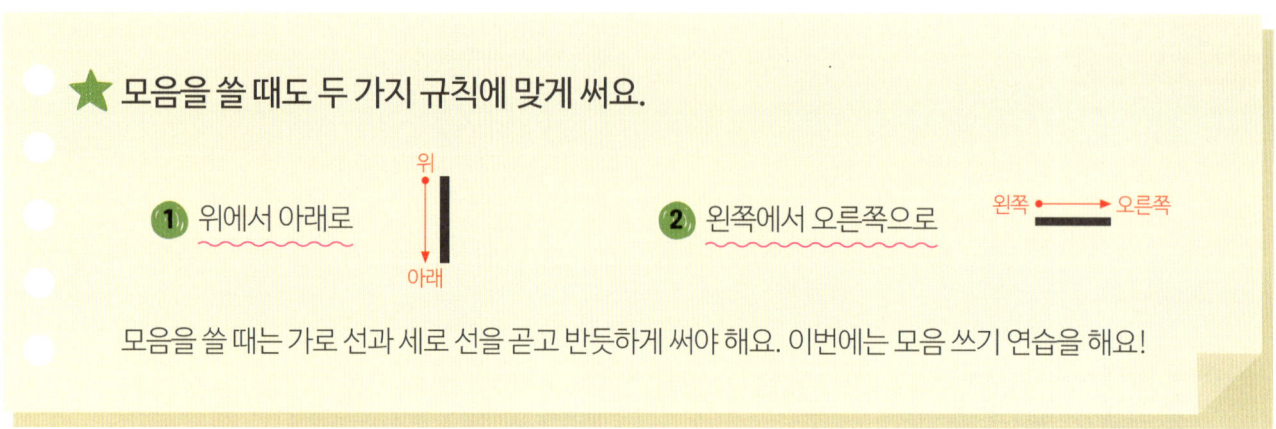

★ 모음을 쓸 때도 두 가지 규칙에 맞게 써요.

1. 위에서 아래로
2. 왼쪽에서 오른쪽으로

모음을 쓸 때는 가로 선과 세로 선을 곧고 반듯하게 써야 해요. 이번에는 모음 쓰기 연습을 해요!

기본 모음

✏️ 기본 모음 10자를 순서에 맞게 따라 써 보세요.

💬 연습해 보고 싶은 자음을 넣어서 써 보자!

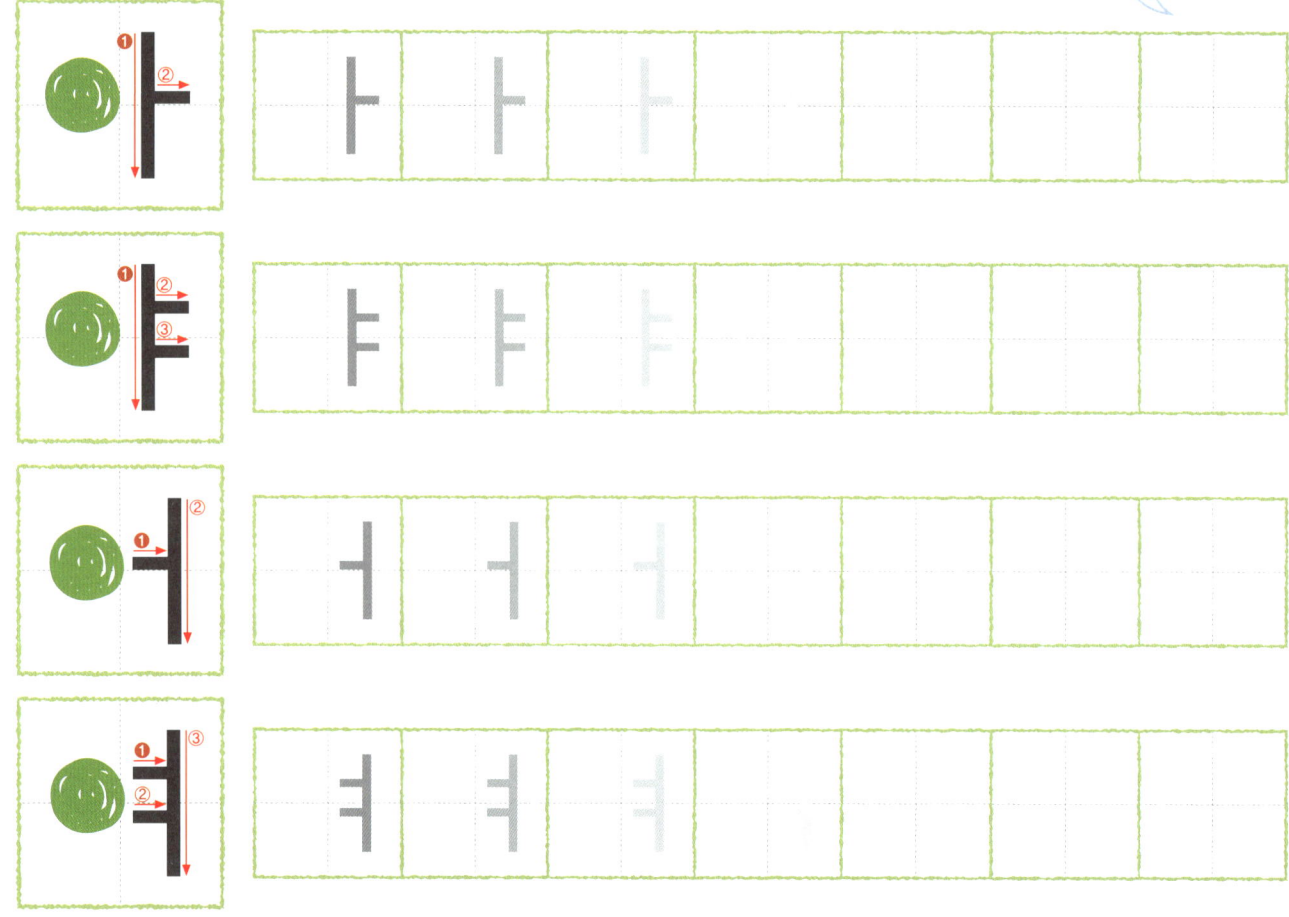

월　　일　확인

저학년 바른 글씨

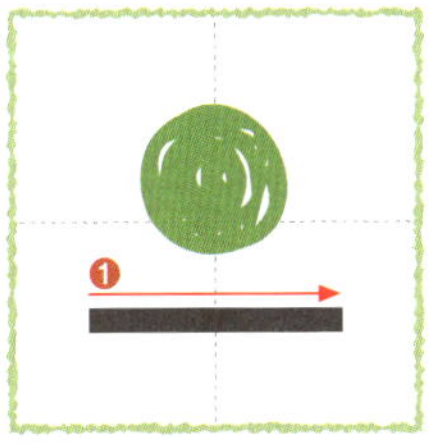

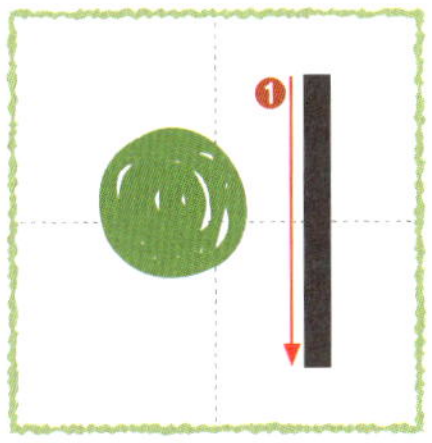

복잡한 모음

기본 모음을 모아서 만든 복잡한 모음 11자를 순서에 맞게 따라 써 보세요.

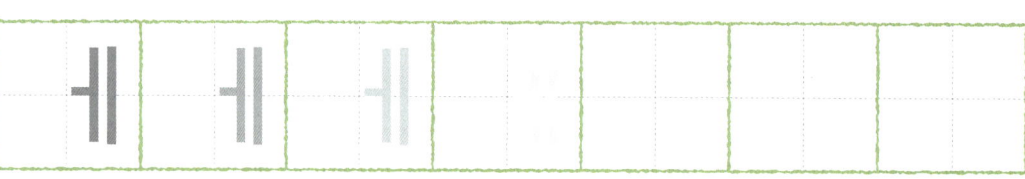

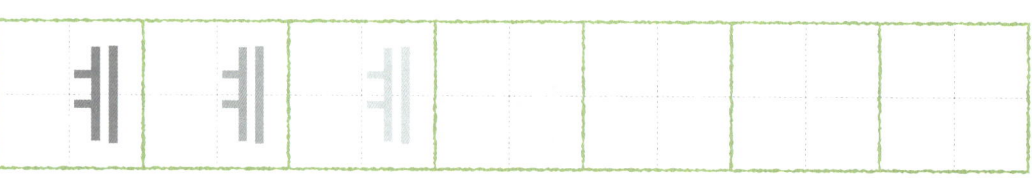

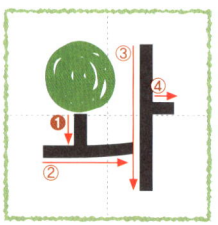
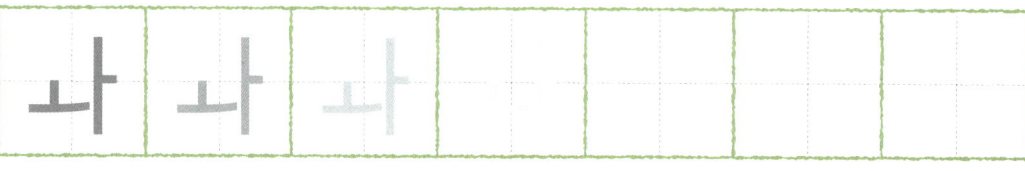

왜 ㅙ ㅙ ㅙ ㅙ

외 ㅚ ㅚ ㅚ ㅚ

워 ㅝ ㅝ ㅝ ㅝ

웨 ㅞ ㅞ ㅞ ㅞ

위 ㅟ ㅟ ㅟ ㅟ

의 ㅢ ㅢ ㅢ ㅢ

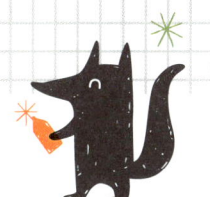

Day 04 숫자, 연산 기호 쓰기

지은이가 생일 파티 시간을 헷갈리게 썼어요. 아마도 순서에 맞게 숫자를 쓰지 않은 것 같아요. 숫자는 어떤 순서로 써야 하는지 알아봅시다.

✏️ 1부터 10까지의 숫자를 순서에 맞게 써 보세요.

↳ '1'처럼 꼬리를 붙이면 7과 헷갈릴 수 있어요.

↳ 잘못 쓰면 'ㄹ'과 헷갈릴 수 있으니 주의해요.

↳ 'ㄴ'처럼 쓰면 '나'와 헷갈릴 수 있어요.

● 글씨 쓴 날짜

월   일   확인

| 5 | 5 | 5 | 5 | | | |

↳ 선을 반듯하게 긋지 않고 1획으로 쓰면 알파벳 S와 헷갈리니 주의해요.

| 6 | 6 | 6 | | | | |

| 7 | 7 | 7 | | | | |

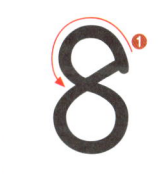
| 8 | 8 | 8 | | | | |

↳ 'O'를 2개 그려서 눈사람처럼 그리면 안 돼요.

| 9 | 9 | 9 | | | | |

↳ 시작하는 위치에 주의하며 순서에 맞게 써요.

| 10 | 10 | 10 | 10 | | | |

↳ '1'과 '0'을 나란히 써요. 너무 붙이거나 떨어뜨리지 않아요.

✏️ 10 이상의 수를 순서에 맞게 써 보세요.

10	20	30	40	50	60	70
십, 열	이십, 스물	삼십, 서른	사십, 마흔	오십, 쉰	육십, 예순	칠십, 일흔
10						

80	90	100	1000	10000
팔십, 여든	구십, 아흔	백	천	만

✏️ 다음 연산 기호를 따라 써 보세요.

✏️ 다음 질문에 대답하면서 숫자와 기호를 순서에 맞게 써 보세요.

① 나는 지금 몇 학년 몇 반, 몇 번인가요?

_____ 학년 _____ 반 _____ 번

② 가족 중 한 명의 휴대전화 번호를 써 보세요.

_____ - _____ - _____

③ 시계의 빈 부분에 숫자를 채워 넣고, 지금 몇 시 몇 분인지 쓰세요.

집에 있는 시계를 확인해 보자!

_____ 시 _____ 분

 # 알파벳 쓰기

★ 알파벳은 반듯한 선, 비스듬한 선, 둥근 선, 원의 형태로 이루어져 있어요.

반듯한 선 **E**   비스듬한 선 **A**   둥근 선 **B**   원 **O**

알파벳을 공책에 쓸 때는 네 개의 줄 위에 써요. 소문자 중에는 빨간 선을 기준으로 아래로 내려가는 글자가 있으니 위치를 잘 기억해 두세요.

예) happy

그럼 순서에 맞게 알파벳을 쓰는 연습을 해 봅시다.

✏️ 알파벳 대문자와 소문자를 순서에 맞게 써 보세요.

A A A A   B

a a a a   b

C   D

c   d

글씨 쓴 날짜

월   일   확인

E
e

F
f

G
g

H
h

I
i

J
j

K
k

L
l

M N

m n

O P

o p

Q R

q r

S T

s t

U

u

V

v

W

w

X

x

Y

y

Z

z

1단원이 끝났어!
다음 페이지로 넘어가서
스트레칭하며
몸을 풀어 주자고!

저학년 바른 글씨 **33**

쉬어가기 글씨 쓰기에 도움이 되는 스트레칭을 따라 해 보세요.

목, 어깨 스트레칭
어깨 으쓱으쓱 하기

어깨 넓이로 선 다음 양팔을 편하게 내려 놓아요.
손끝은 바깥쪽으로 향하게 하고 어깨를 최대한 끌어 올려요.
5초 동안 유지한 후 힘을 빼서 어깨를 툭 떨어트립니다.
10번 반복해요.

으쓱으쓱! 어깨를 올렸다 내리며 뭉친 어깨를 시원하게 풀어 주자!

2단원

모양에 맞게 글씨 쓰기

학습 내용

여러분, 글씨 쓰기의 기본을 잘 다져 놓았나요? 그럼 이번 시간에는 글자 하나하나를 써 보는 연습을 할 거예요. 글자의 전체 모양을 생각하면서 균형에 맞게 써 보세요. 꾸준히 연습을 하다 보면 반듯한 글씨를 쓰게 될 거예요! 그리고 배운 내용을 잘 기억하고 있는지 문제를 풀어 보며 확인해 봅시다!

학습 목차

▶ **Day06** 받침이 없는 글자 모양에 맞게 쓰기 ①

▶ **Day07** 받침이 없는 글자 모양에 맞게 쓰기 ②

▶ **Day08** 받침이 있는 글자 모양에 맞게 쓰기 ①

▶ **Day09** 받침이 있는 글자 모양에 맞게 쓰기 ②

▶ **Day10** 모양에 맞게 글씨 쓰기 복습

▶ 쉬어가기 스트레칭

글자의 균형을 생각하며 연습해 보자!

받침이 없는 글자 모양에 맞게 쓰기 ①

★ 우리말은 자음과 모음이 어떻게 합쳐지느냐, 받침이 있느냐 없느냐에 따라서 글자가 만들어져요. 이 원리에 따라서 네 가지 모양에 맞게 쓰면 반듯한 글씨를 쓸 수 있어요.

▶ 받침이 없는 글자 모양에 맞게 쓰기

받침이 없는 글자는 자음과 모음의 위치에 따라 두 가지 형태로 글자가 만들어져요. 받침이 없는 글자를 쓸 때는 자음을 먼저, 모음을 나중에 써요.

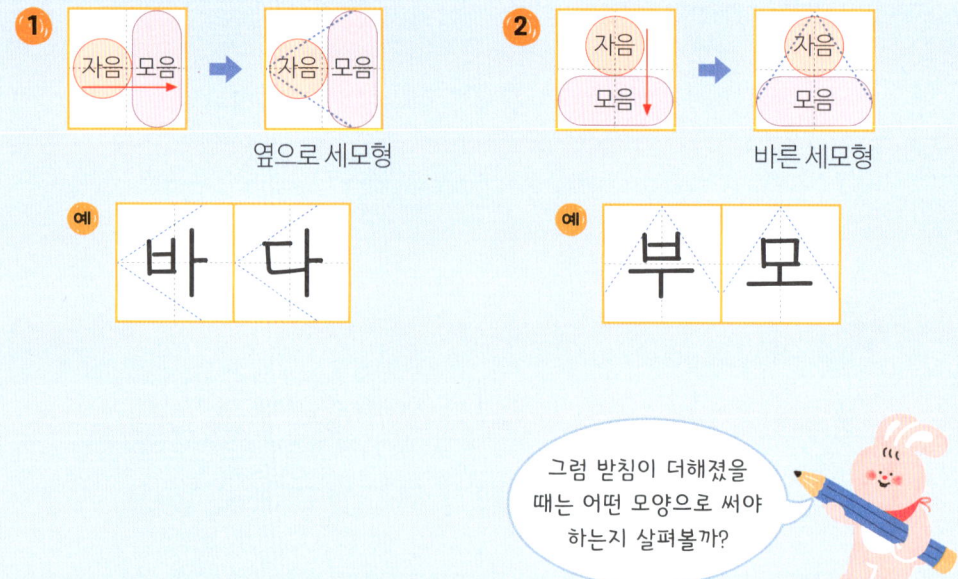

▶ 받침이 있는 글자 모양에 맞게 쓰기

받침이 있는 글자는 자음과 모음이 합쳐진 모양에 따라서 두 가지 형태로 글자가 만들어져요. 받침이 있는 글자를 쓸 때는 '자음 → 모음 → 받침' 순서대로 써요.

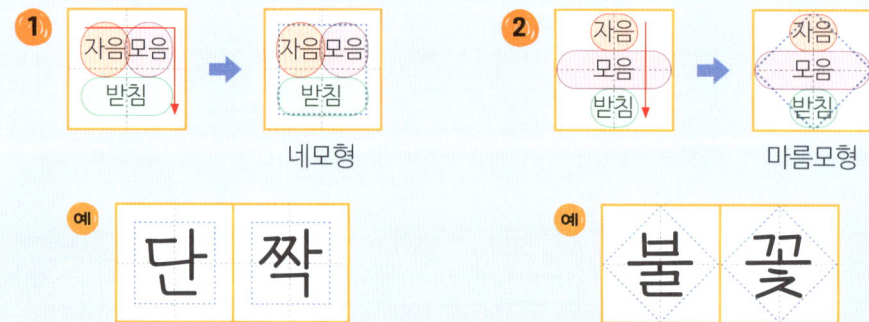

★ 받침이 없는 글자 모양에 맞게 쓰기 ①

'나', '비', '머리' 등의 낱말과 같이 받침이 없고, 자음 오른쪽에 'ㅏ, ㅑ, ㅓ, ㅕ, ㅣ'처럼 세로로 긴 모음이 합쳐지는 글자를 쓸 때는 '옆으로 세모형(◁)' 모양에 맞게 써요.

나 비 머 리

자음보다 모음의 세로 길이를 더 길게 써야 해!

'ㅐ, ㅔ, ㅒ, ㅖ' 등의 모음이 합쳐질 때도 '옆으로 세모형(◁)' 모양에 맞게 써요.

✏️ 다음 한 글자 낱말을 '옆으로 세모형(◁)' 모양에 맞게 써 보세요.

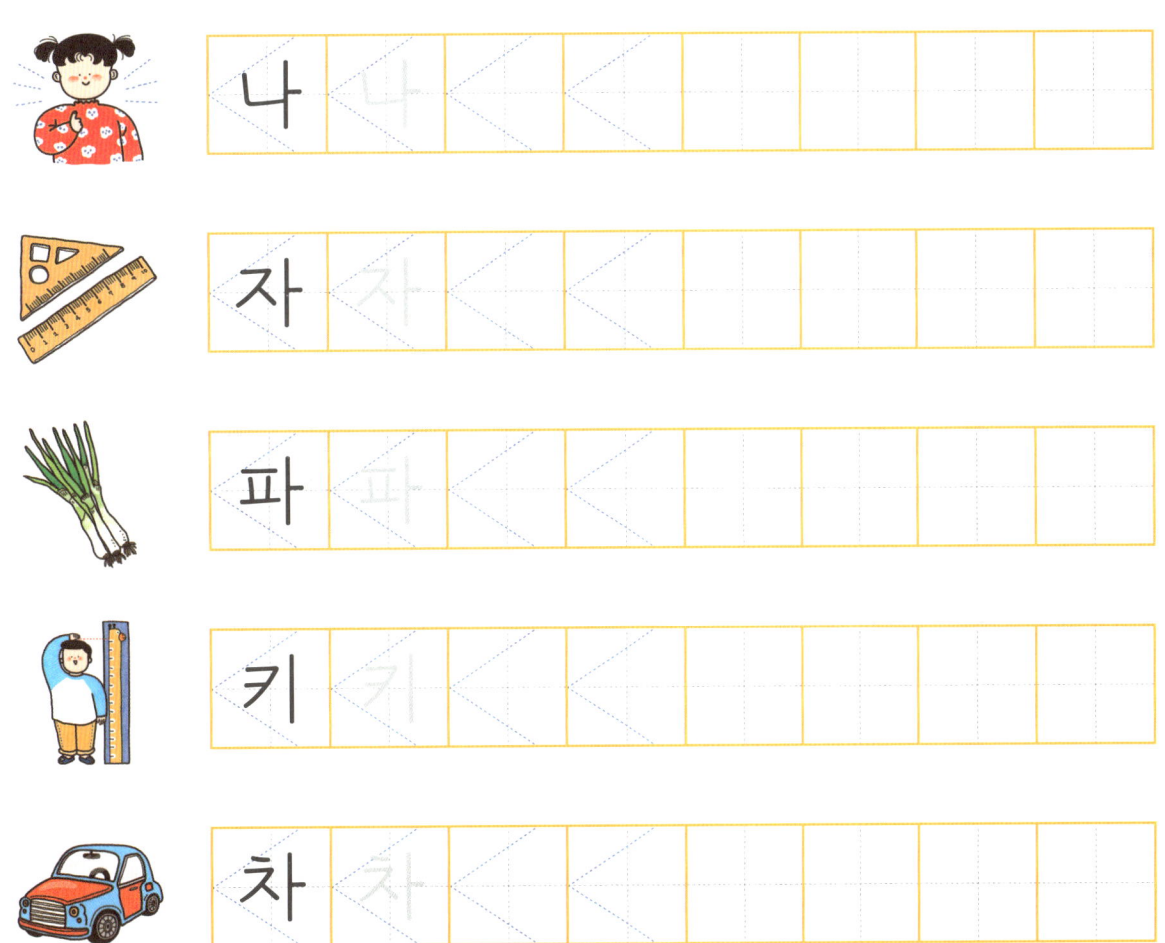

✏️ 다음 두 글자 낱말을 '옆으로 세모형(◁)' 모양에 맞게 써 보세요.

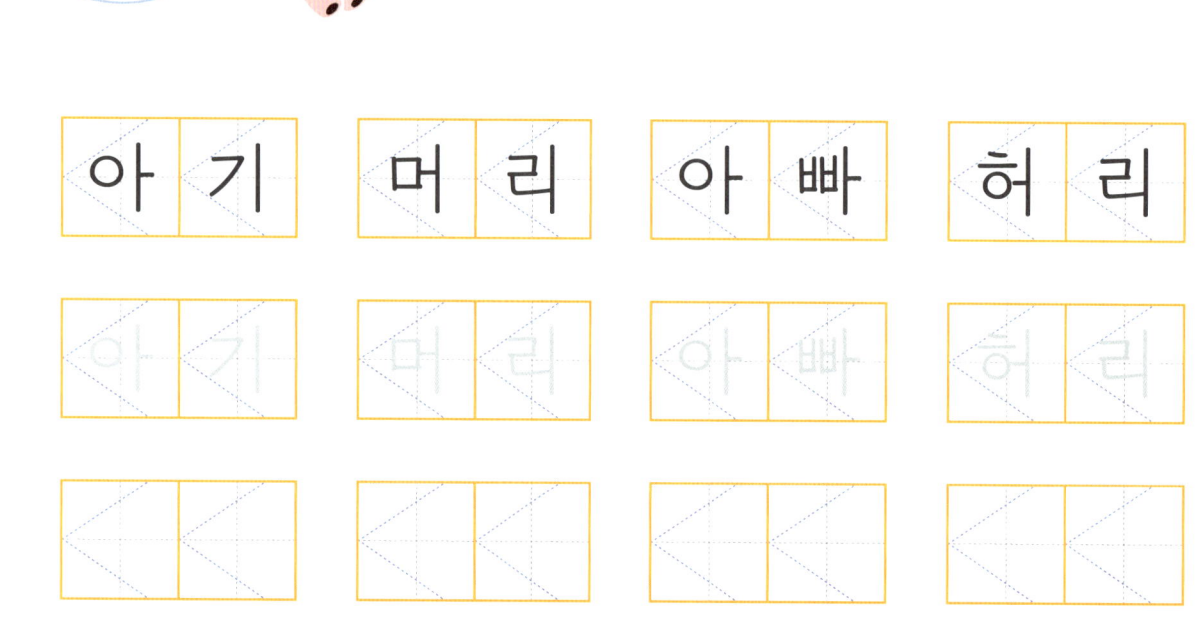

✏️ 다음 'ㅐ, ㅔ, ㅒ, ㅖ' 모음이 들어간 두 글자 낱말을 '옆으로 세모형(◁)' 모양에 맞게 써 보세요.

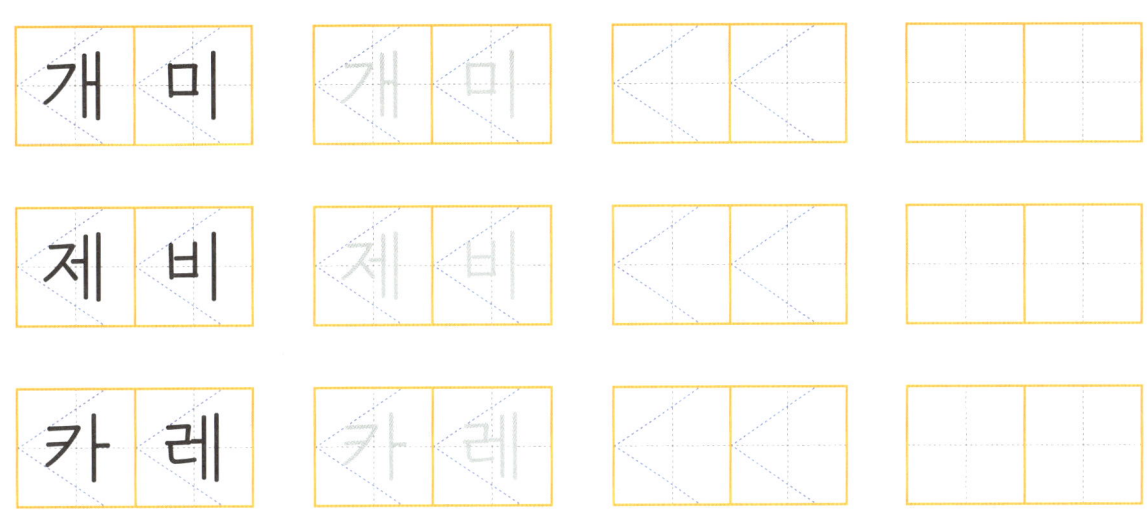

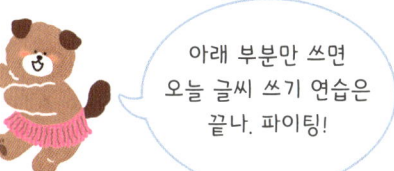

Day 07 받침이 없는 글자 모양에 맞게 쓰기 ②

★ 받침이 없는 글자 모양에 맞게 쓰기 ②

'도', '소', '도구' 등의 낱말과 같이 받침이 없고, 자음 아래쪽에 'ㅗ, ㅛ, ㅜ, ㅠ, ㅡ'처럼 가로로 긴 모음이 합쳐지는 글자를 쓸 때는 '바른 세모형(△)' 모양에 맞게 써요.

도　소　도구

자음보다 모음의 가로 길이를 더 길게 쓰자!

✏️ 다음 한 글자 낱말을 '바른 세모형(△)' 모양에 맞게 써 보세요.

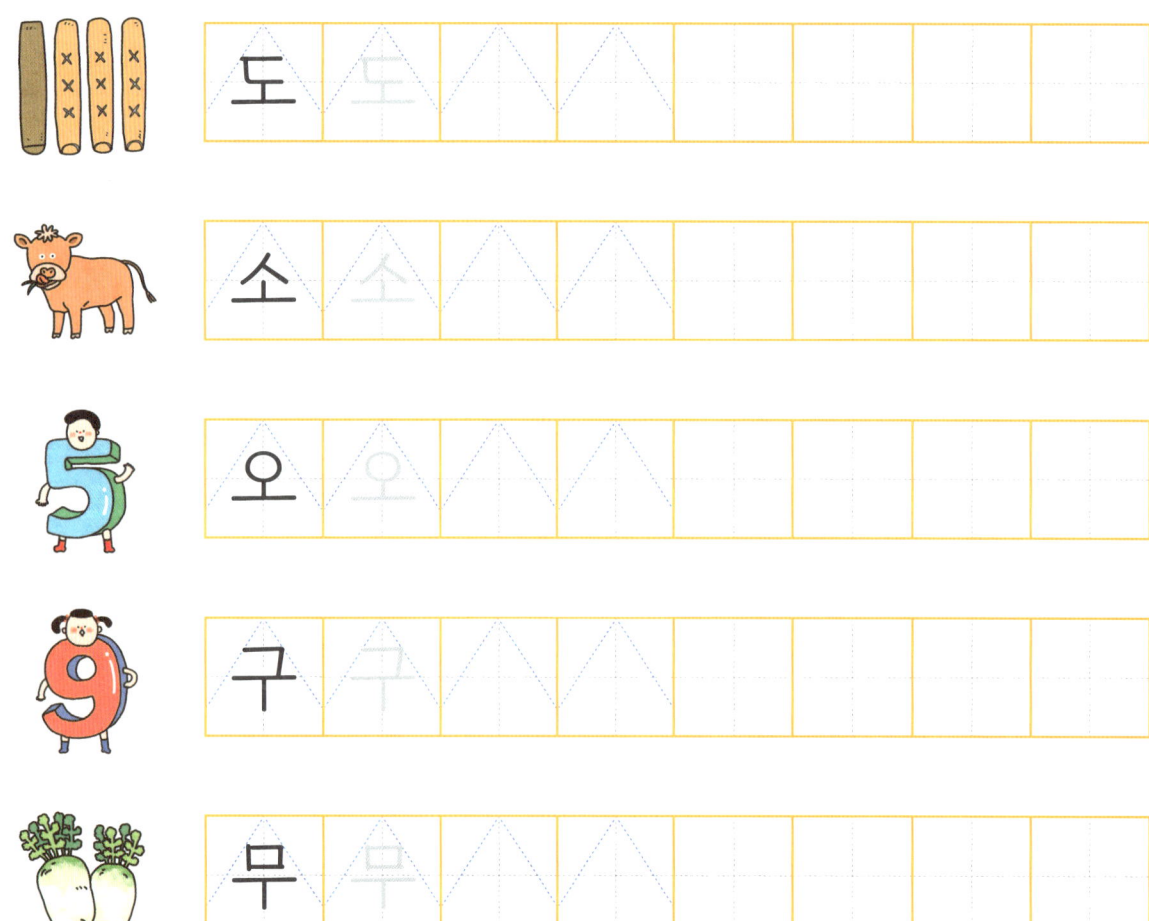

다음 두 글자 낱말을 '바른 세모형(△)' 모양에 맞게 써 보세요.

고 모	고 모		
주 소	주 소		
수 고	수 고		

자음과 모음을 순서에 맞게 제대로 쓰고 있지?

노 루	도 주	우 주	도 구
노 루	도 주	우 주	도 구

저학년 바른 글씨 **43**

✏️ 다음 두 글자 낱말을 '바른 세모형(△)' 모양에 맞게 써 보세요.

포도　포도

소스　소스

수프　수프

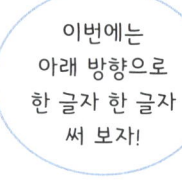

이번에는 아래 방향으로 한 글자 한 글자 써 보자!

초보　고수　구조　구호

초보　고수　구조　구호

✏️ 다음 두 글자 낱말을 '바른 세모형(△)' 모양에 맞게 써 보세요.

Day 08 받침이 있는 글자 모양에 맞게 쓰기 ①

★ 받침이 있는 글자 모양에 맞게 쓰기 ①

'달', '밥', '단짝' 등의 낱말과 같이 받침이 있고, 자음 오른쪽에 'ㅏ, ㅑ, ㅓ, ㅕ, ㅣ' 등의 모음이 합쳐지는 글자를 쓸 때는 '네모형(□)' 모양에 맞게 써요.

자음 → 모음 → 받침 순서대로 써야 해!

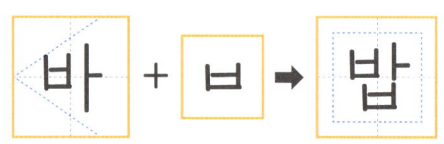

받침이 생기면서 자음, 모음, 받침의 크기와 길이가 조금씩 달라졌어!

받침이 있고 'ㅐ, ㅔ, ㅒ, ㅖ' 등의 모음이 합쳐질 때도 '네모형(□)' 모양에 맞게 써요.

✏️ 다음 한 글자 낱말을 '네모형(□)' 모양에 맞게 써 보세요.

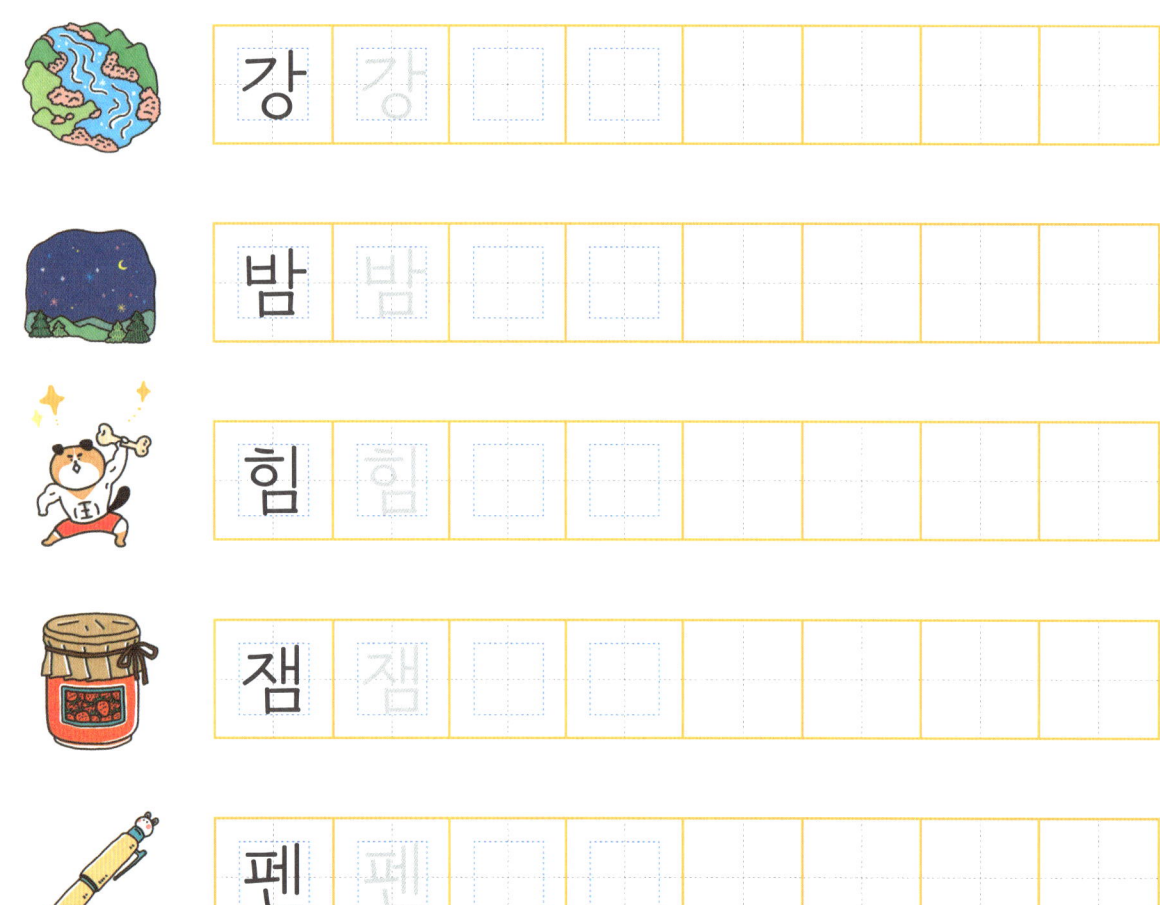

● 글씨 쓴 날짜

월   일   확인

✏️ 다음 두 글자 낱말을 '네모형(□)' 모양에 맞게 써 보세요.

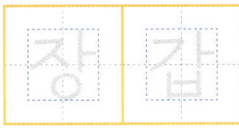 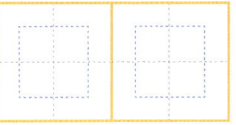 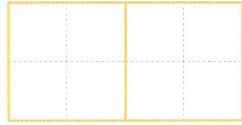

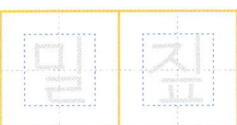  

자음, 모음, 받침의 균형을 생각하며 글자를 써야 한다는 것 잊지 마!

  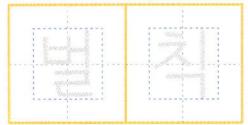 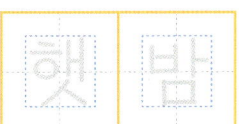

 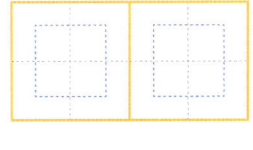  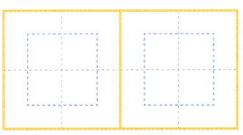

  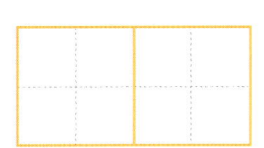 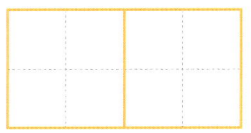

✏️ 다음 쌍자음이 들어간 한 글자 낱말을 '네모형(□)' 모양에 맞게 써 보세요.

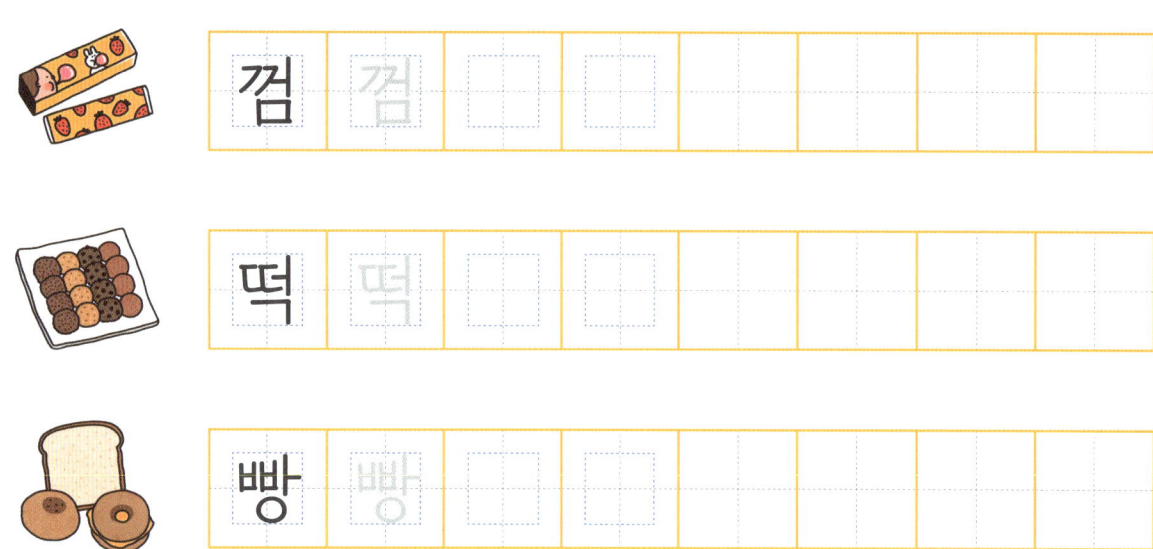

✏️ 다음 쌍자음이 들어간 두 글자 낱말을 '네모형(□)' 모양에 맞게 써 보세요.

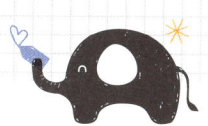

✏️ 다음 겹받침이 들어간 한 글자 낱말을 '네모형(□)' 모양에 맞게 써 보세요.

↪ 사고파는 물건의 가치를 돈으로 나타낸 것, 또는 그 돈을 '값'이라고 해!

✏️ 다음 겹받침이 들어간 두 글자 낱말을 '네모형(□)' 모양에 맞게 써 보세요.

Day 09 받침이 있는 글자 모양에 맞게 쓰기 ②

★ 받침이 있는 글자 모양에 맞게 쓰기 ②

'곰', '불', '국물' 등의 낱말과 같이 받침이 있고, 아래쪽에 'ㅗ, ㅛ, ㅜ, ㅠ, ㅡ' 등의 모음이 합쳐지는 글자를 쓸 때는 '마름모형(◇)' 모양에 맞게 써요. 받침을 더하면 자음, 모음, 받침의 위치와 크기가 조금씩 달라져요.

고 + ㅁ → 곰   부 + ㄹ → 불

한 칸을 세 부분을 나눠서 쓴다고 생각해 봐. 자음, 모음, 받침을 균형 있게 쓸 수 있겠지?

위의 자음의 크기와 아래 받침의 크기를 비슷하게 쓰자!

✏️ 다음 한 글자 낱말을 '마름모형(◇)' 모양에 맞게 써 보세요.

공

솜

줄

풀

귤

✏️ 다음 두 글자 낱말을 '마름모형(◇)' 모양에 맞게 써 보세요.

공룡

목욕

동물

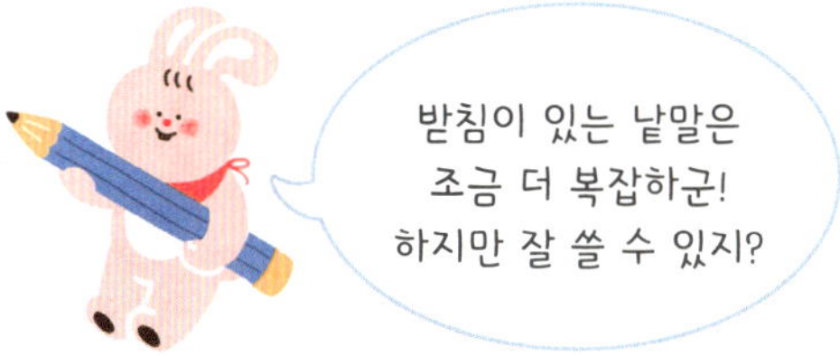

받침이 있는 낱말은 조금 더 복잡하군! 하지만 잘 쓸 수 있지?

불꽃   운동   국물   율동

✏️ 다음 두 글자 낱말을 '마름모형(◇)' 모양에 맞게 써 보세요.

빨리 끝내고 놀고 싶지?
그래도 천천히 반듯하게
써 보자.

✏️ 다음 쌍자음이 들어간 두 글자 낱말을 '마름모형(◇)' 모양에 맞게 써 보세요.

풀	꽃
꿈	속
쑥	국

✏️ 다음 겹받침이 들어간 두 글자 낱말을 '마름모형(◇)' 모양에 맞게 써 보세요.

| 굵 | 다 | 묽 | 다 | 붉 | 다 | 끓 | 다 |

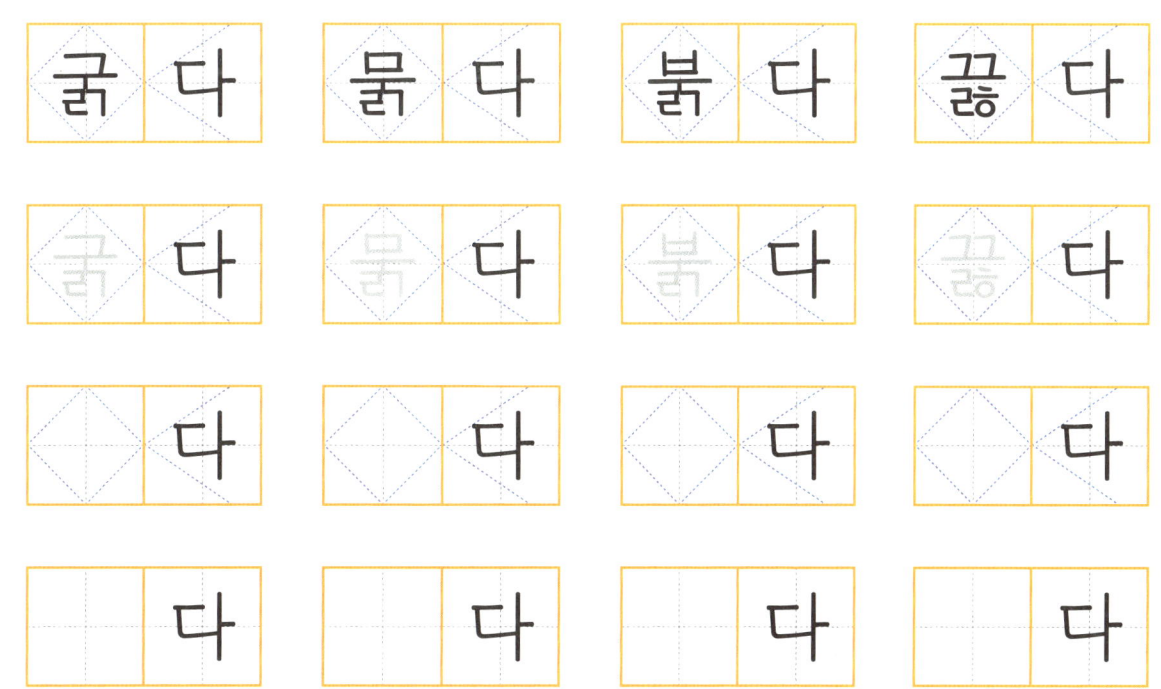

엄마가 보고 있어! 끝까지 또박또박 쓰는 거야. 힘내!

 # 모양에 맞게 글씨 쓰기 복습

 앞에서 배운 내용을 다시 살펴보고, 물음에 답해 보세요.

★ 자음과 모음의 결합에 따라 만들어진 글자는 네 가지 모양에 맞게 써요.

▶ 받침이 없는 글자 모양에 맞게 쓰기

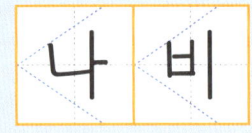
'옆으로 세모형(◁)' 모양

'바른 세모형(△)' 모양

▶ 받침이 있는 글자 모양에 맞게 쓰기

'네모형(□)' 모양

'마름모형(◇)' 모양

1 다음 한 글자 낱말을 쓸 때 어떤 모양에 맞게 써야 하는지 연결해 보세요.

❶ 강 •   •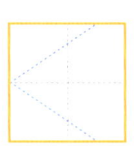

❷ 차 •   •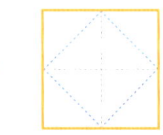

❸ 혹 •   •

 글씨 쓴 날짜

월   일   확인

2 빈칸에 들어갈 낱말을 보기 에서 찾아 모양에 맞게 써 보세요.

보기

소금   선물   운동   어깨   강아지

❶ 매일 [　　] 을 하면 몸이 건강해져요.

❷ 내가 키우는 [　　] 이름은 호두예요.

❸ 음식 간을 맞추려면 음식에 [　　] 을 넣어야 해요.

❹ 학교 끝나고 집에 와서 할머니 [　　] 를 주물러 드렸어요.

❺ 다음 주는 엄마의 생신이에요. 하루 종일 어떤

[　　] 을 드릴지 고민했어요.

3 가로세로 퍼즐에 들어갈 알맞은 낱말을 모양에 맞게 써 보세요.

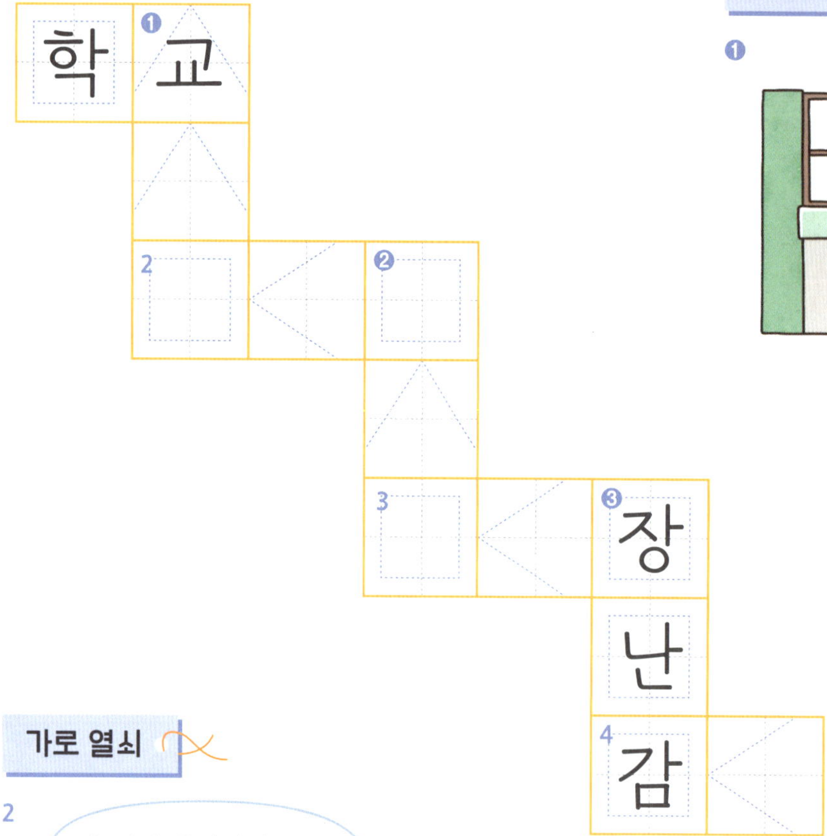

학
1 교
2
2
3
3 장
난
4 감

세로 열쇠

1

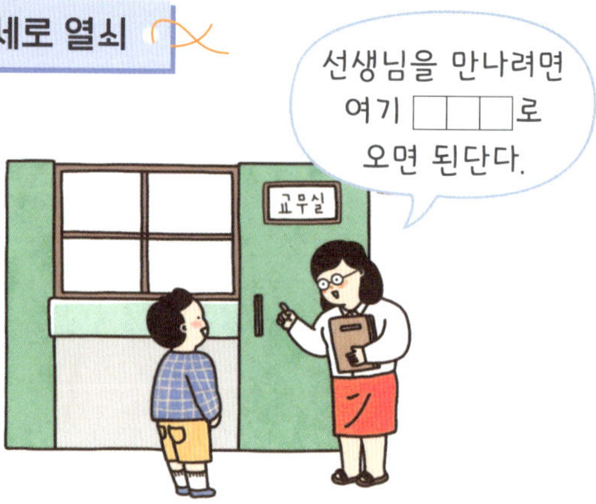

선생님을 만나려면 여기 ☐☐☐로 오면 된단다.
교무실

2

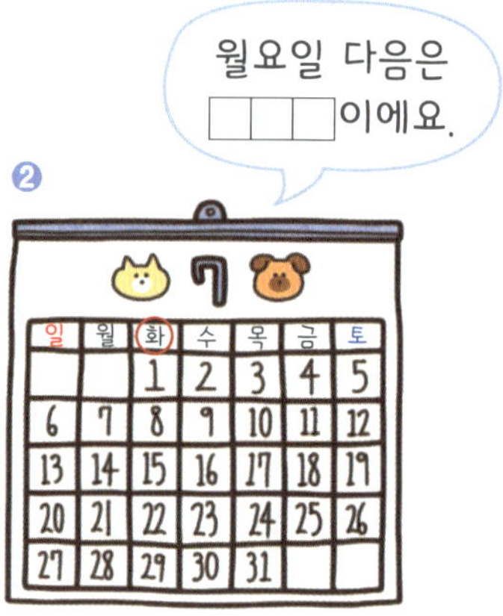

월요일 다음은 ☐☐☐이에요.
7
일 월 화 수 목 금 토
1 2 3 4 5
6 7 8 9 10 11 12
13 14 15 16 17 18 19
20 21 22 23 24 25 26
27 28 29 30 31

가로 열쇠

2

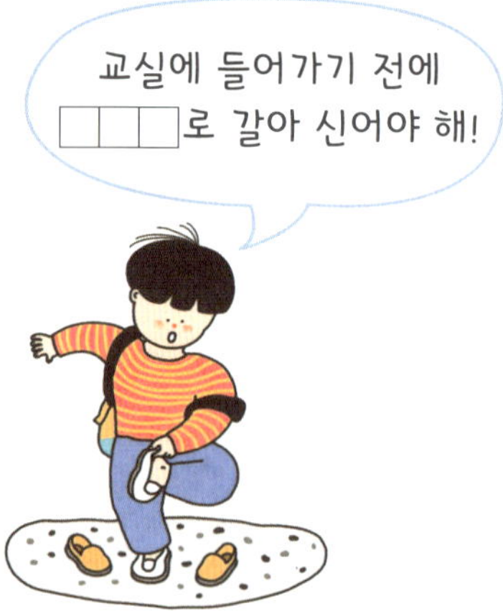

교실에 들어가기 전에 ☐☐☐로 갈아 신어야 해!

3

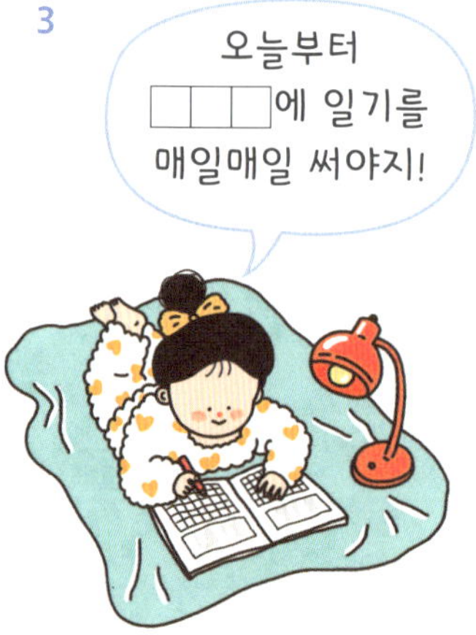

오늘부터 ☐☐☐에 일기를 매일매일 써야지!

4

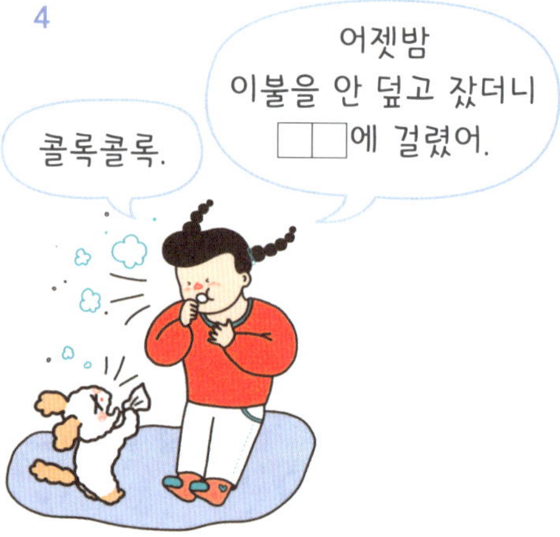

콜록콜록.
어젯밤 이불을 안 덮고 잤더니 ☐☐에 걸렸어.

4 빈칸에 들어갈 알맞은 낱말을 보기에서 찾아 모양에 맞게 써 보세요.

보기
　　　　키　　꿈　　밤　　물건　　공놀이

어젯밤 잠을 자는데 또 낭떠러지에서 떨어지는 ☐ 을 꿨다.

아빠는 내 ☐ 가 많이 커지려고 그런 꿈을 꾸는 거라고 하셨다. 엊그제도

똑같은 꿈을 꿨는데 이러다가 키다리가 되는 거 아닐까? 키다리가 되면 엄마가

못 꺼내는 ☐☐ 도 꺼내 주고, 친구들과

☐☐☐ 도 더 재미있게

할 텐데……. 오늘 ☐ 에도 꼭

떨어지는 꿈을 꾸면 좋겠다.

 **쉬어가기** 글씨 쓰기에 도움이 되는 스트레칭을 따라 해 보세요.

목, 어깨 스트레칭
승모근 당겨 주기

왼손으로 오른쪽 옆머리를 잡고, 왼쪽으로 당겨 10초 동안 유지해요.
손에 살짝 힘을 주어 어깨와 귀가 최대한 멀어지도록 합니다.
반대쪽도 같은 방법으로 스트레칭합니다.

왼쪽, 오른쪽 5번씩 반복해요.

목과 어깨가 아프면서도 시원하지? 틈틈이 해 주자!

Memo

3단원

교과서 속 낱말 쓰기

🚩 학습 내용

이번 단원부터는 여러분이 교과서에서 자주 만나는 낱말을 써 볼 거예요. 그림 속 낱말의 뜻을 이해하고 따라 써 보세요. 글자를 쓰는 순서를 기억하면서 모양에 맞게 쓰도록 해요. 다양한 주제 속 낱말을 바르게 쓰다 보면 글씨 쓰기 실력뿐만 아니라 어휘력까지도 자라 있을 거예요!

🚩 학습 목차

- ▶ **Day11** 학교에 가면?
- ▶ **Day12** 우리는 가족!
- ▶ **Day13** 내 이웃 이야기
- ▶ **Day14** 알쏭달쏭 나
- ▶ **Day15** 봄, 여름, 가을, 겨울
- ▶ 쉬어가기 스트레칭

이제 우리가 자주 쓰는 낱말로 연습해 보자!

Day 11 학교에 가면?

✏️ 학교에 무엇이 있는지 살펴보고 다음 낱말을 따라 써 보세요.

교	실

복	도

교	무	실

화	장	실

보	건	실

글씨 쓴 날짜   월   일   확인

 학교에 있는 또 다른 장소를 살펴볼까요?

도서실   급식실   음악실

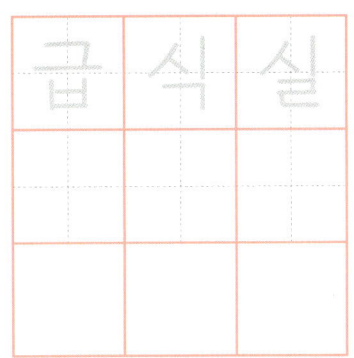
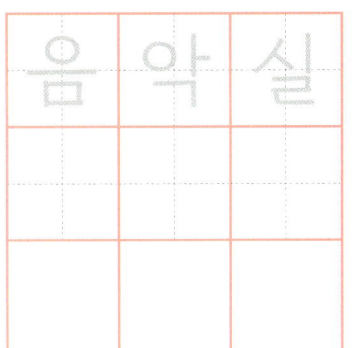

운동장   체육관

자음, 모음 쓰는 순서 기억하지?

✏️ 우리 학교 운동장에는 무엇이 있는지 살펴보고 다음 낱말을 따라 써 보세요.

축구　　골대　　화단

뜀틀　　교문　　철봉

✏️ 우리 반 교실을 둘러보고 다음 낱말을 따라 써 보세요.

칠판   선생님   짝꿍

책상   의자   사물함

Day 12 우리는 가족!

🖍 우리 가족을 부르는 말을 알아보고 다음 낱말을 따라 써 보세요.

우리 가족

아빠　동생　나　엄마

✏️ 형제, 자매를 부르는 말을 알아보고 다음 낱말을 따라 써 보세요.

 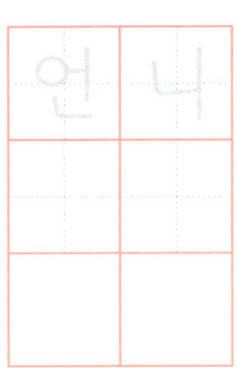 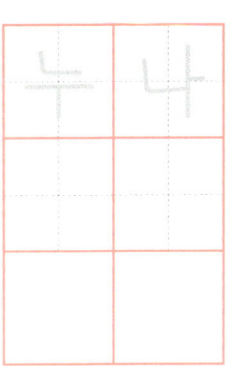  

✏️ 친척을 부르는 말을 알아보고 다음 낱말을 따라 써 보세요.

 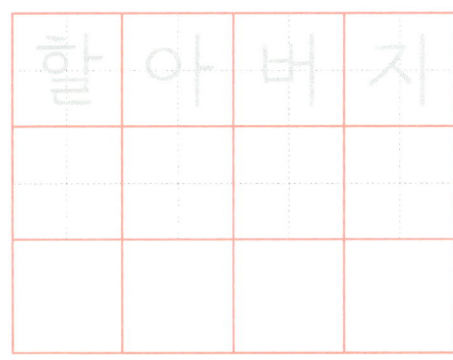

 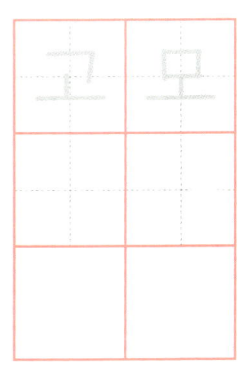 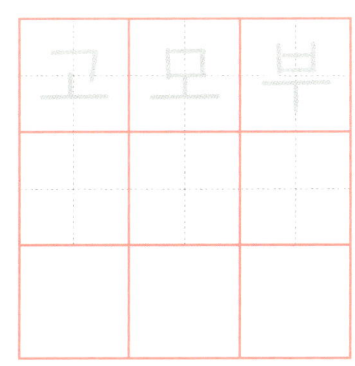

 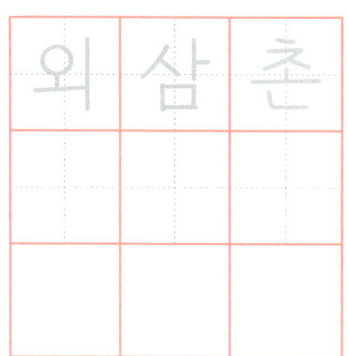 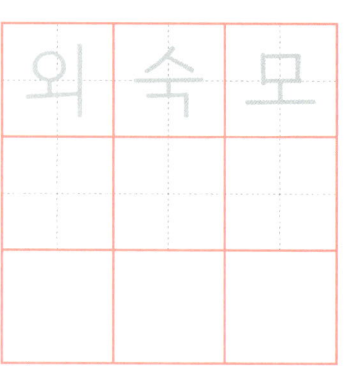

 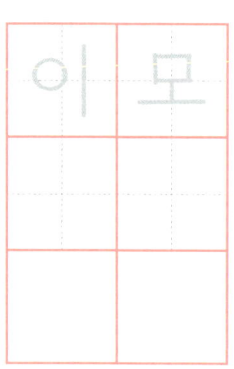 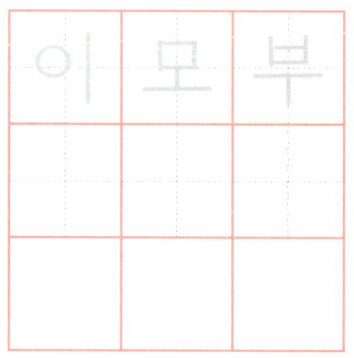

 가훈은 한 집안의 교훈을 말해! 우리 집의 가훈은 무엇인지 부모님께 여쭤봐!

✏️ 가족이나 친척이 함께 모이는 날을 알아보고 다음 낱말을 따라 써 보세요.

생일　　설날　　추석

돌잔치　　결혼식

내 이웃 이야기

✏️ 우리 동네에 무엇이 있는지 살펴보고 다음 낱말을 따라 써 보세요.

우 리 집

공 원

놀 이 터

은 행

우 체 국

글씨 쓴 날짜

월   일   확인

학교

버스 정류장

문방구

약국

소방서

병원

저학년 바른 글씨 71

✏️ 우리 이웃에 누가 있는지 살펴보고 다음 낱말을 따라 써 보세요.

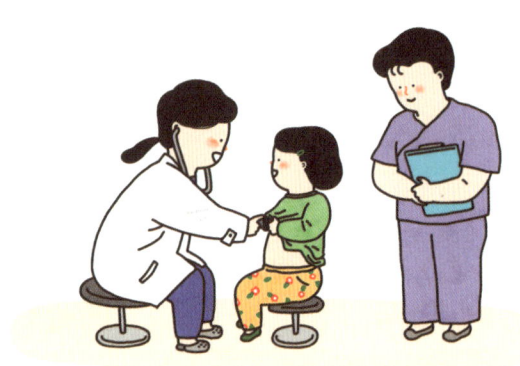

의 사   간 호 사   경 찰 관

소 방 관   환 경 미 화 원

✏️ 이웃간에 지켜야 할 약속에는 무엇이 있는지 살펴보고 다음 낱말을 따라 써 보세요.

인사

층간 소음

안녕하세요!

엘리베이터에서 어른을 보면 인사해요.

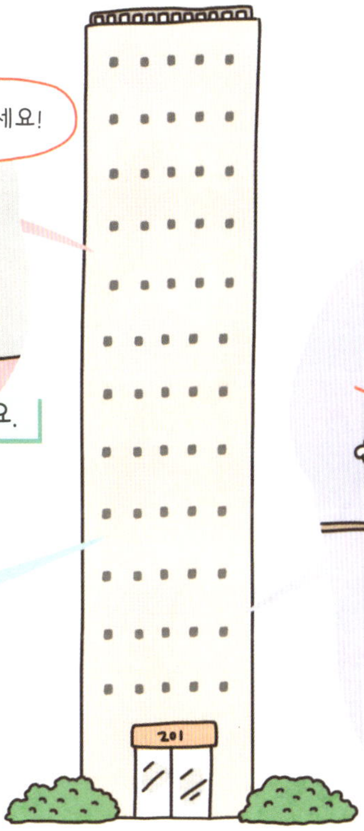

분리수거를 정확하게 하자!

아랫집 시끄러우니까 그만 뛰자!

쓰레기는 분리수거해서 버려요.

늦은 시간에는 소음이 나지 않도록 조심해요.

분리수거

재활용

Day 14 알쏭달쏭 나

✏️ 몸에 있는 여러 부분의 이름을 알아보고 다음 낱말을 따라 써 보세요.

얼굴　　　머리카락

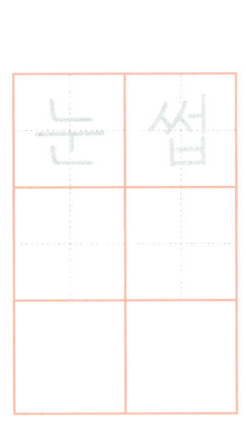

눈썹　　　　　　　　　　　　　　　이마

눈　코　입　귀　목

알쏭달쏭 나

● 글씨 쓴 날짜

월   일   확인

손 팔

어깨

배 허리

엉덩이

허벅지

무릎

발

✏️ 내가 좋아하는 것과 내가 잘하는 것은 무엇인지 생각해 보고 다음 낱말을 따라 써 보세요.

책 읽기    수영    달리기

노래 부르기    그림 그리기

📝 나는 커서 무엇이 되고 싶은지 생각해 보고 다음 낱말을 따라 써 보세요.

운동선수

요리사

가수

디자이너

선생님

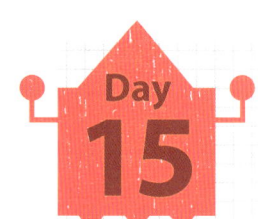

Day 15 봄, 여름, 가을, 겨울

'봄' 하면 무엇이 떠오르나요? '봄'과 관련된 다음 낱말을 따라 써 보세요.

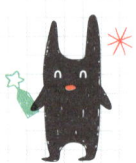

봄

소풍

새싹

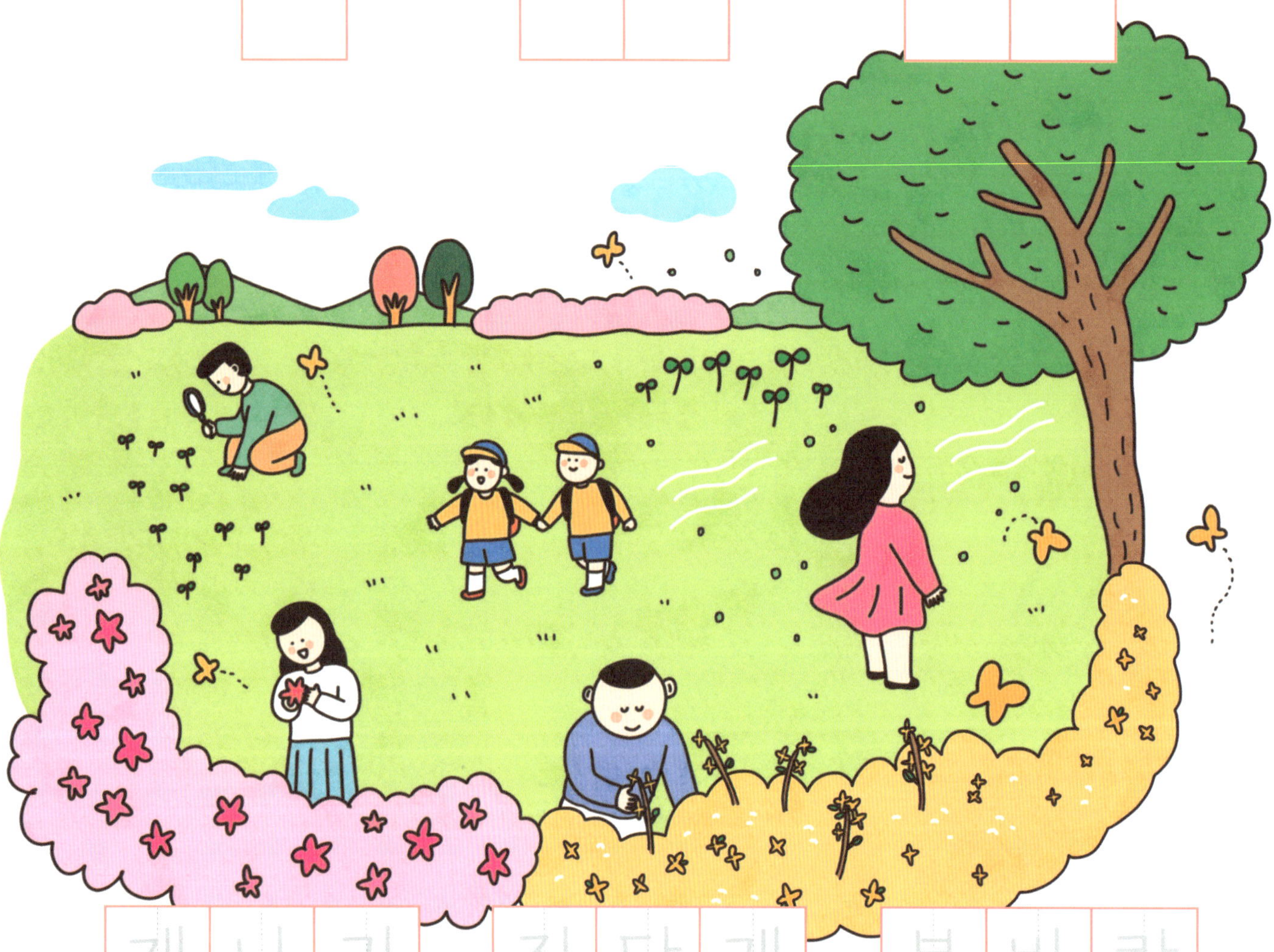

개나리

진달래

봄바람

● 글씨 쓴 날짜

월   일   확인

✏️ '여름'과 관련된 다음 낱말을 따라 써 보세요.

여	름

무	더	위

수	박

물	놀	이

계	곡

튜	브

저학년 바른 글씨 **79**

✏️ '가을'과 관련된 다음 낱말을 따라 써 보세요.

가	을

단	풍

낙	엽

잠	자	리

코	스	모	스

✏️ '겨울'과 관련된 다음 낱말을 따라 써 보세요.

| 겨 울 | 추 위 | 눈 싸 움 |

| 눈 사 람 | 썰 매 |

 **쉬어가기** 글씨 쓰기에 도움이 되는 스트레칭을 따라 해 보세요.

손목 스트레칭
손목 당겨 주기

팔을 앞으로 쭉 뻗어 손끝을 위로 향하게 해요.
반대쪽 손으로 뻗은 손의 손바닥 안쪽을 지그시 눌러 10초 동안 당겨 주세요.
그 다음에는 손목을 접어 손끝을 아래로 향하게 해요.
반대쪽 손으로 손등을 10초 동안 지그시 눌러 주세요.
손을 바꿔 가며 왼쪽, 오른쪽 5번씩 반복해요.

에너지파 발사! 친구와 마주 보고 해 보는 건 어때?

Memo

4단원

반듯반듯! 문장 쓰기

 **학습 내용**

지금까지 한 글자 한 글자 글자의 순서와 모양에 맞게 쓰는 연습을 했다면, 이제 긴 문장을 바르게 쓰는 연습을 할 거예요. 문장을 바르게 쓰기 위해서는 네 가지 방법을 기억하고 있으면 돼요. 다양한 문장을 쓰며 표현력도 기르고 글씨 쓰기 연습도 해 볼까요?

학습 목차

▶ **Day16** 일정한 크기로 글자 쓰기

▶ **Day17** 일정한 위치에 글자 쓰기

▶ **Day18** 알맞은 간격으로 띄어쓰기

▶ **Day19** 문장 부호 바르게 쓰기

▶ **Day20** 문장 쓰기 복습

▶ 쉬어가기 스트레칭

이제 문장 쓰기야. 많이 왔어. 조금만 더 힘내!

Day 16. 일정한 크기로 글자 쓰기

★ 다음 만화를 보며 문장을 쓸 때 주의해야 할 점을 알아보세요.

▶ 다음 네 가지 방법을 기억하고 있으면 반듯하고 보기 좋은 문장을 쓸 수 있어요.

> ① 일정한 크기로 글자 쓰기
> ② 일정한 위치에 글자 쓰기
> ③ 알맞은 간격으로 띄어쓰기
> ④ 문장 부호 바르게 쓰기

 글씨 쓴 날짜

월   일   확인

1 일정한 크기로 글자 쓰기

문장을 쓸 때 글자 크기가 커졌다 작아졌다 하면 안 돼요. 처음부터 끝까지 일정한 크기로 써야 해요. 아래의 예시를 한번 살펴볼까요?

바른 글씨를 쓰고 싶어요. ☹   바른 글씨를 쓰고 싶어요. ☺

왼쪽 문장은 글자 하나하나의 크기가 다르니까 알아보기 힘들고 보기에도 좋지 않아요. 문장을 쓸 때 일정한 크기로 쓰는 방법은 처음 쓴 글자의 크기를 기준으로 나머지 글자를 쓰는 거예요. 처음에 작게 썼다면 끝까지 작게, 크게 썼다면 끝까지 크게 써요.

바른 글씨를 쓰고 싶어요.   **바른** 글씨를 쓰고 싶어요.
기준 크기   기준 크기

✏️ 글자의 크기를 일정하게 유지하며 다음 인사말을 따라 써 보세요.

| 친 | 구 | 야 | , | 안 | 녕 | . |

줄에 써 보기   친구야, 안녕.

| 잘 | | 먹 | 겠 | 습 | 니 | 다 | . |

줄에 써 보기   잘 먹겠습니다.

✏️ 글자의 크기를 일정하게 유지하며 인사말을 따라 써 보세요.

① 오 랜 만 이 야 ,   반 가 워 !

줄에 써 보기

② 교 장   선 생 님 ,   안 녕 하 세 요 ?

줄에 써 보기

③ 아 버 지 ,   안 녕 히   주 무 세 요 !

줄에 써 보기

④ 어 머 니 ,   학 교   다 녀 왔 습 니 다 .

줄에 써 보기

⑤ 생일을 진심으로 축하해!

줄에 써 보기

생활 속 문장 쓰기

대화를 읽고 말풍선에 들어갈 문장을 보기 에서 찾아 바르게 써 보세요.

① 준비물을 안 가져왔구나. 나랑 같이 쓰자!

② 앗, 미안해. 어디 다치지 않았니?

보기

괜찮아. 너는 괜찮니?
정말 고마워.

흥! 너랑 안 놀아.
선생님한테 이를 거야.

저학년 바른 글씨 **89**

일정한 위치에 글자 쓰기

2 일정한 위치에 글자 쓰기

문장을 쓸 때는 글자의 위치를 일정하게 유지하며 칸, 줄의 밑 선 조금 위에 써요.

왼쪽 문장은 글자가 오르락내리락해요. 문장을 쓸 때 칸, 줄의 위치에 맞춰서 반듯하게 쓰도록 해요.

기억해 두세요!

바른 글씨를 쓰고 싶어요.
기준 위치

만약 칸, 줄이 없는 공책에 쓸 경우에는 첫 번째 글자의 위치를 기준으로 다음 글자들을 써요.

 글자의 위치를 유지하며 흉내 내는 말이 들어간 문장을 따라 써 보세요.

'멍멍', '꼬꼬댁'과 같이 소리나 모양을 표현한 말을 '흉내 내는 말'이라고 해.

강아지가 멍멍 짖다.

줄에 써 보기

닭이 꼬꼬댁 울어요.

줄에 써 보기

글씨 쓴 날짜

월 일 확인

✏️ 글자의 위치를 유지하며 흉내 내는 말이 들어간 문장을 따라 써 보세요.

① 햇볕이 쨍쨍 내리쬡니다.

줄에 써 보기

② 비가 주룩주룩 내립니다.

줄에 써 보기

③ 별이 반짝반짝 빛납니다.

줄에 써 보기

④ 열매가 주렁주렁 열립니다.

줄에 써 보기

✏️ 글자의 위치를 유지하며 다음 그림에 어울리는 문장을 따라 써 보세요.

① 개나리가 활짝 피었습니다.

줄에 써 보기

② 동생이 아장아장 걷습니다.

줄에 써 보기

③ 나비와 벌이 훨훨 납니다.

줄에 써 보기

④ 시원한 바람이 솔솔 붑니다.

줄에 써 보기

수수께끼 풀며 글자 쓰기

수수께끼를 풀어 보고 밑줄에 들어갈 알맞은 정답을 보기 에서 찾아 바르게 써 보세요.

①  근육맨이 좋아하는 끈은?

②  화가 난 사람이 읽는 글은?

보기

슬금슬금   울끈불끈   부글부글   털레털레

Day 18 알맞은 간격으로 띄어쓰기

③ 알맞은 간격으로 띄어쓰기

줄 공책에 문장을 쓸 때는 띄어쓰기를 잘해야 해요. 띄어쓰기해야 하는 곳을 너무 붙여 쓰거나 너무 띄어 쓰면 어떻게 되는지 아래 예시를 살펴볼까요?

> 안녕다롬아
> 나는 지훈이야 오늘 너의생일이네진심으로
> 축하해맛있는것도많이먹고즐거운하루보내.

위의 예시처럼 띄어쓰기를 제대로 하지 않으면 문장의 내용이 정확하게 전달되기 어려워요. 그리고 띄어쓰기 간격도 일정해야 해요. 문장의 뜻을 생각하며 알맞은 간격으로 띄어 쓰는 연습을 해 봅시다.

✏️ 띄어쓰기에 주의하며 문장을 따라 써 보세요.

| 이 | 를 | | 깨 | 끗 | 이 | | 닦 | 아 | 요 | . |

줄에 써 보기

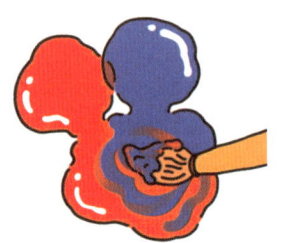

| 빨 | 강 | 과 | | 파 | 랑 | 을 | | 섞 | 어 | 요 | . |

줄에 써 보기

✏️ 띄어쓰기에 주의하며 겹받침이 들어간 문장을 따라 써 보세요.

① 오늘 하늘이 정말 맑아요.

줄에 써 보기

② 집 앞 놀이터는 넓어요.

줄에 써 보기

③ 노을이 붉게 물들었어요.

줄에 써 보기

④ 책을 큰 소리로 읽어요.

줄에 써 보기

✏️ 띄어쓰기에 주의하며 겹받침이 들어간 문장을 따라 써 보세요.

① 찌 개 가   보 글 보 글   끓 어 요 .

줄에 써 보기

② 도 서 관 에 는   책 이   많 아 요 .

줄에 써 보기

③ 찰 흙 으 로   접 시 를   만 들 어 요 .

줄에 써 보기

④ 등 이   간 지 러 워 서   긁 었 어 요 .

줄에 써 보기

⑤ 골목길에서 똥을 밟았어요.

줄에 써 보기

생활 속 문장 쓰기

글을 읽고 밑줄에 들어갈 문장을 보기 에서 찾아 바르게 써 보세요.

레시피 순서

재료 떡볶이 떡 450g, 어묵 200g, 물 2컵, 쪽파 2개
양념장 고추장 3큰술, 설탕 1큰술, 간장 1큰술, 고춧가루 1큰술, 다진 마늘 2큰술

① 냄비에 물 2컵을 넣어 끓이고, 그릇에 양념장 재료를 넣고 잘 섞어 놓는다.

② 떡과 어묵은 _____

③ 물이 끓으면 어묵과 양념장을 넣는다.

④ 떡을 넣고 떡에 양념이 벨 때까지 _____

⑤ _____ 송송 썬 쪽파를 올린다.

보기
한 입 크기로 썬다.   접시에 완성된 떡볶이를 담고
중간 불에서 끓인다.

문장 부호 바르게 쓰기

④ 문장 부호 바르게 쓰기

문장을 쓸 때 문장 부호를 정확한 위치에 바르게 쓰는 것도 중요해요. 아래 예시를 살펴보세요.

"글씨 잘쓰는 방법이 뭐야?"

큰따옴표와 물음표의 둥근 부분이 명확하지 않아 보기 좋지 않군요. 문장 부호를 정확한 위치에 바르게 쓰는 것도 문장을 바르게 쓰는 방법 중 하나랍니다.

🖍 다양한 문장 부호를 알아보고 빈칸에 문장 부호를 따라 써 보세요.

① `.`
↳ **마침표** : 설명하는 문장 끝에 써요.

② `,`
↳ **쉼표** : 부르거나 대답하는 말 뒤에 써요.

③ `?`
↳ **물음표** : 묻는 문장 끝에 써요.

④ `!`
↳ **느낌표** : 느낌을 나타내는 문장 끝에 써요.

⑤ `' '`
↳ **작은따옴표** : 마음 속으로 말한 것을 적을 때 써요.

⑥ `" "`
↳ **큰따옴표** : 글에서 대화를 표시하거나 남의 말을 따올 때 써요.

글씨 잘 쓰는 꿀팁!

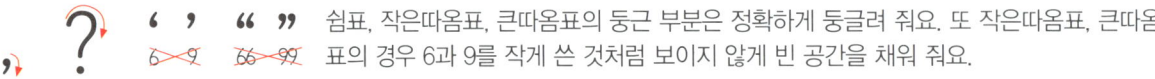

쉼표, 작은따옴표, 큰따옴표의 둥근 부분은 정확하게 둥글려 줘요. 또 작은따옴표, 큰따옴표의 경우 6과 9를 작게 쓴 것처럼 보이지 않게 빈 공간을 채워 줘요.

글씨 쓴 날짜

월   일   확인

✏️ 다음 '콩쥐팥쥐' 이야기를 문장 부호의 모양과 위치에 주의하며 따라 써 보세요.

	콩	쥐	가		장	독	대	에		아	무	리
물	을		계	속		부	어	도		물	은	
채	워	지	지		않	았	어	요	.			
	"	어	머	,	이	게		어	떻	게		된
일	이	지	?	"								
	그		때	,	웬		두	꺼	비	가		콩	쥐
앞	에		불	쑥		나	타	났	어	요	.	
	"	콩	쥐		님	,		무	슨		일	이	에
요	?	"										
	"	장	독	에		물	을		채	워	야	
하	는	데		구	멍	이		났	네	. "		
	"	그	거	라	면		걱	정				
마	세	요	.		제	가			도			
와		드	릴	게	요	. "						
	"	두	꺼	비		네	가					
어	떻	게	? "									

✏️ 다음 '요술 부채' 이야기를 문장 부호의 모양과 위치에 주의하며 따라 써 보세요.

　몹시 더운 여름날, 한 할아버지가 길을 가고 있는데 저 앞에 뭐가 떨어져 있는 거야. 가까이 가 보니 부채 두 개였어.
　'웬 부채지? 마침 더운데 잘 되었군.'
　할아버지는 빨간 부채를 훨훨 부쳤어. 그런데 할아버지 코가 쭉 길어져 버렸어.
　"아이고! 내 코가 왜 이러지?"
　할아버지는 코를 잡고 펄쩍펄쩍 뛰었어.

동화 속 문장 쓰기

'욕심 많은 개' 이야기예요. 밑줄에 들어갈 문장을 보기 에서 찾아 바르게 써 보세요.

> **보기**
> 또 다른 개 한 마리를 발견했어요.
> '저 녀석! 나보다 더 큰 고깃덩어리를 물고 있군.

욕심 많은 개가 길에 떨어진 고깃덩어리를 입에 물고 신나게 걸어가고 있었어요.

다리를 건너다가 욕심 많은 개는 고기를 물고 있는 _____

_____ 내가 꼭 먹어야겠는걸.'

고기를 빼앗기 위해 욕심 많은 개가 큰 소리로 짖었어요. 그러자 입에 물고 있던 고기가 강물에 풍덩 빠졌어요.

문장 쓰기 복습

 앞에서 배운 내용을 다시 살펴보고, 물음에 답해 보세요.

★ 문장을 쓸 때는 다음 네 가지 방법을 기억하세요.

① 일정한 크기로 글자 쓰기

바른 글씨를 쓰고 싶어요.
↳ 처음부터 끝까지 일정한 크기로 써요.

② 일정한 위치에 글자 쓰기

바른 글씨를 쓰고 싶어요.
↳ 글자의 위치를 일정하게 유지하며 써요.

③ 알맞은 간격으로 띄어쓰기

바른 글씨를 쓰고 싶어요.
↳ 띄어쓰기 해야 하는 곳에서 알맞은 간격으로 띄어 써요.

④ 문장 부호 바르게 쓰기

"바른 글씨를 쓰고 싶어요!"
↳ 문장 부호를 정확한 위치에 바르게 써요.

1 다음 문장의 문제점은 무엇인지 찾아 연결해 보세요.

① 나는 가족과 여행하는 것이 즐겁습니다.

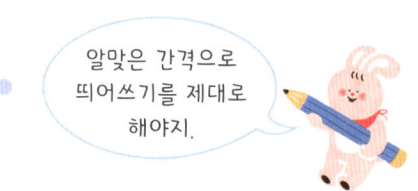

알맞은 간격으로 띄어쓰기를 제대로 해야지.

② 땅,강,자연을가족처럼 소중히 여기자.

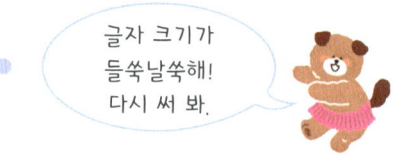

글자 크기가 들쑥날쑥해! 다시 써 봐.

③ 생일 축하해. 행복한 하루 보내.

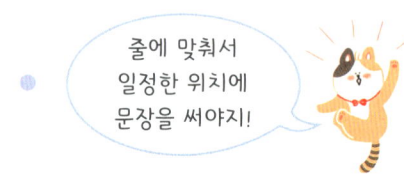

줄에 맞춰서 일정한 위치에 문장을 써야지!

글씨 쓴 날짜

월   일   확인

2 '개구리 왕자' 이야기예요. 밑줄에 들어갈 문장을 에서 찾아 바르게 써 보세요.

> 보기
>
> "앗, 내 소중한 공이 연못에 빠졌어!"
> "공주님, 왜 울고 계세요?"
> "좋아요. 약속할게요."

공주님이 정원에서 공놀이를 하다가 황금 공을 연못에 빠뜨렸어요.

_____

공주님은 눈물을 흘리며 속상해 했어요. 이때 연못에서 개구리가 고개를 쏙 내밀며 말했어요.

_____

공주님이 울고 있는 까닭을 설명하자 개구리가 말했어요.

"나를 공주님의 친구로 삼아 주세요. 그러면 황금 공을 꺼내 드릴게요."

_____

공주님의 말이 끝나자마자 개구리는 연못 속으로 텀벙 뛰어 들어가서 황금 공을 입에 물고 나왔어요.

3 보기 에 주어진 문장을 그림과 어울리도록 알맞게 띄어 써 보세요.

① 보기 나비가좋아.

➡ _____

② 보기 나물좀줄래?

➡ _____

4 예시 처럼 그림에 어울리는 짧은 문장을 만들어 보고, 반듯하게 써 보세요.

①

예시 다은이가 그네를 타고 있다.

_____

②

예시 아빠가 청소를 하고 있다.

_____

5 친구의 쪽지에 어울리는 대답을 보기 에서 찾아 바르게 써 보세요.

보기
그래, 나도 먹고 싶었어!
내일 체육 시간 준비물이 뭐야?
좋아! 나 읽고 싶은 책 있어.
곧 있으면 점심 시간이야, 야호!

❶ 서준아, 오늘 학교 끝나고 도서관에서 책 읽고 가자! ➡

❷ 학원 끝나고 아이스크림 사 먹을까? ➡

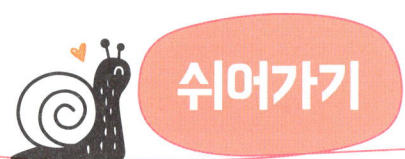

쉬어가기 글씨 쓰기에 도움이 되는 스트레칭을 따라 해 보세요.

어깨, 등 스트레칭
손깍지 끼고 등 뒤로 손 뻗기

바르게 선 후, 팔을 뒤로 넘겨서 손깍지를 껴요.
그리고 인사하듯이 허리를 앞으로 숙여 5~10초간 유지해 줘요.
5번 반복해요.

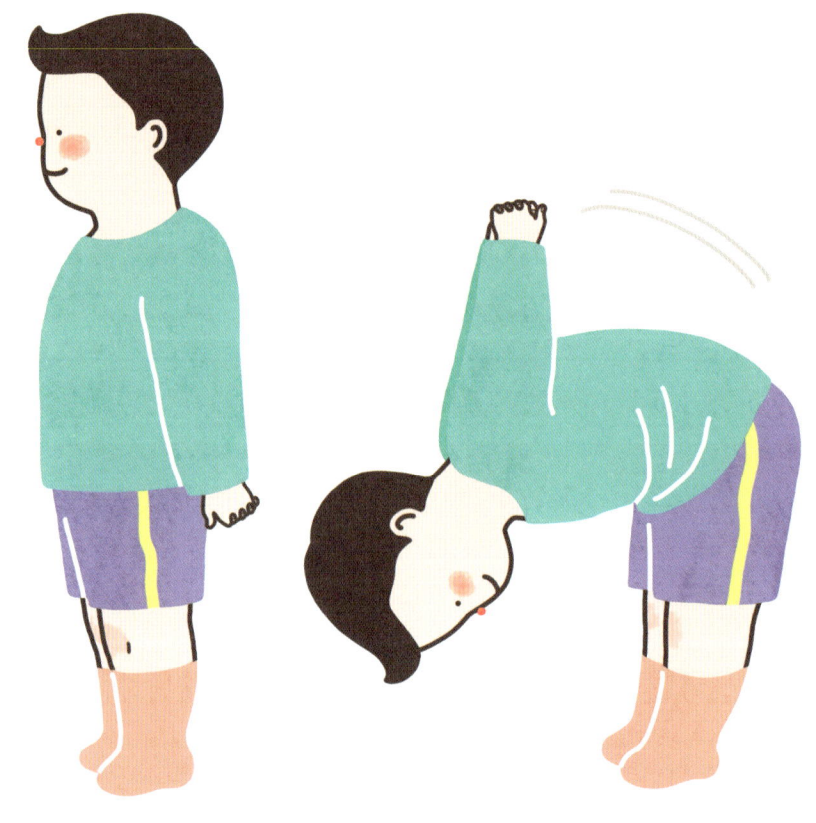

스트레칭 하면서 엄마, 아빠께 인사도 해 보자!

Memo

5단원

일상생활 속 다양한 글씨 쓰기

학습 내용

오늘 여러분은 학교에서 알림장을 쓰거나 집에서 일기를 쓰지 않았나요? 어떤 친구들은 학교 숙제로 독서 기록장도 썼을지도 몰라요. 이번 단원에서는 이런 글들을 쓰는 연습을 해 봅시다. 실전 경험을 쌓는 겁니다. 그럼 마지막 단원을 향해 출발!

학습 목차

▶ **Day21** 그림일기 쓰기

▶ **Day22** 알림장 쓰기

▶ **Day23** 편지 쓰기

▶ **Day24** 독서 기록장 쓰기

▶ **Day25** 나를 소개합니다!

지금까지 잘해 온 너를 칭찬해! 이제 마지막 단원이야. 끝까지 파이팅!

Day 21 그림일기 쓰기

✏️ 그림일기를 어떻게 써야 하는지 알아보세요.

오늘의 날짜와 요일, 날씨를 써!

7월 21일 토요일 | 날씨 | 맑음

오늘 겪었던 일 중에서 가장 기억에 남았던 장면을 그림으로 그려.

오늘 겪은 일을 떠올리며 내용을 적어. 있었던 일이 잘 드러나게 써야 해.

오	늘	은		엄	마	,	아	빠
,	오	빠	와		함	께		바	다
에		갔	다	.		물	놀	이	도
하	고		수	영	도		했	다	.
신	나	고		재	미	있	는		하
루	였	다	.

✏️ 그림일기에서 자주 사용하는 날씨 표현과 요일을 따라 써 보세요.

① 날씨

| 날 | 씨 | 맑 | 음 | 흐 | 림 | 눈 | 비 | 안 | 개 |
| | | | | | | | | | |

② 요일

| 월 | 화 | 수 | 목 | 금 | 토 | 일 | + | 요 | 일 |
| | | | | | | | | | |

글씨 쓴 날짜

월   일   확인

✏️ 다음 일기를 따라 써 보세요.

| 2019년 4월 3일 월요일 | 날씨: 덥고 답답한 날씨 |

	체	육		시	간	에		축	구		대	결	을
했	다	.		나	는		다	리	를		다	쳐	서
의	자	에		앉	아		있	었	다	.		나	도
뛰	고		싶	었	는	데		뛰	지		못	해	
속	상	했	다	.		얼	른		나	아	야	지	!

위에 있는 일기를 그대로 또박또박 따라 써 보자!

| 년   월   일   요일 | 날씨: |

📝 다음 그림일기를 따라 써 보세요.

2019 년 5 월 7 일 화 요일 　 날씨: 바람이 솔솔 부는 시원한 날씨

	친	구	들	과		교	실		청	소	를
했	다	.	바	닥	을		쓸	고		책	상
을		정	리	했	다	.	깨	끗	해	진	
교	실	을		보	니		정	말		뿌	듯
했	다	.									

| 년 | 월 | 일 | 요일 | 날씨: |

알림장 쓰기

✏️ 알림장을 어떻게 써야 하는지 알아보세요.

날짜	2019년 3월 18일 월요일	메모		확인
1. 알림장 시작합니다. 확인 후 월요일에 가져오세요.				
2. 19일(화) 단체 사진 찍습니다.				
3. 20일(수) 유자청 만듭니다.				
준비물 : 앞치마, 머릿수건, 비닐장갑				

💬 학교에서 선생님이 칠판에 적어 주거나 불러 준 내용을 그대로 적어도 좋고, 중요한 내용만 적어도 좋아!

✏️ 알림장에서 자주 사용하는 표현을 따라 써 보세요.

▶ 준비물　　　　　　　　　▶ 체육복

▶ 실내화　　　　　　　　　▶ 독후감

▶ 일기　　　　　　　　　　▶ 받아쓰기

▶ 가정 통신문

글씨 쓴 날짜

월   일   확인

📝 다음 알림장을 따라 써 보세요.

날짜	2019년 4월 19일 금요일	메모	인사를 잘 하자!	확인
	1. 부모님께 '가정 통신문' 보여 드리고 사인 받기			
	2. 미술 준비물 : 색연필, 크레파스, 색종이			
	3. '말하기' 연습하기 : 칭찬하기, 용기 주는 말			
	4. 24일(수) 체육대회			
	준비물 : 체육복, 운동화			

위의 알림장을 그대로 또박또박 써 보자.

날짜	년 월 일 요일	메모		확인

저학년 바른 글씨 **115**

✏️ 다음 알림장을 아래 빈 알림장에 따라 써 보세요.

| 날짜 | 2019년 5월 14일 화요일 | 메모 | | 확인 |

1. 준비물 : 교과서, 10칸 공책 1권(새것으로 준비)
2. 매일 준비할 것 : 깎은 연필 3자루, 지우개, 자
   (샤프 사용 금지)
3. 방과 후 수업 신청 - 내일 15일 수요일부터 접수
4. 식중독을 예방하려면?
   유통기한 잘 확인하고 먹기, 손 씻기

| 날짜 | 년 월 일 요일 | 메모 | | 확인 |

어제와 오늘 쓴 알림장을 옮겨 써 보세요.

날짜	년 월 일 요일	메모	확인

날짜	년 월 일 요일	메모	확인

편지 쓰기

✏️ 편지를 어떻게 써야 하는지 알아보세요.

> 편지를 받을 사람을 써.

경비 아저씨께
경비 아저씨, 안녕하세요?
저는 길벗초등학교 2학년 8반 현우예요. 저희를 위해서 날마다 아파트를 지켜 주셔서 감사합니다.
경비 아저씨가 계셔서 든든해요.
그럼 안녕히 계세요.

20○○년 3월 21일
현우 올림

> 인사말, 전하고 싶은 말, 끝인사를 순서대로 써.

> 마지막에는 날짜와 편지를 쓴 사람을 적어야 해. 간단한 쪽지 형식의 편지에서는 날짜를 생략하기도 해!

✏️ 편지에서 자주 사용하는 표현을 따라 써 보세요.

▶ ~에게

▶ ~께

▶ 드림

▶ 올림

▶ 안녕하세요.

▶ 안녕히 계세요.

▶ 감사합니다.

✏️ **다음 편지를 따라 써 보세요.**

내 짝꿍 은비에게

은비야, 안녕? 전학 와서 낯설었는데 다가와 줘서 고마워. 너랑 놀이터에서 놀고 나서 더 친해진 것 같아.

나도 너에게 좋은 친구가 되고 싶어. 앞으로도 친하게 지내자!

2019년 6월 23일

혜리 씀

위에 있는 편지를 또박또박 따라 써 보자!

✏️ 다음 편지를 아래 빈 편지지에 따라 써 보세요.

동생 종석이에게

종석아, 안녕? 형이야. 어제 너가 놀아 달라고 했는데 형 혼자 컴퓨터 게임해서 많이 속상했지? 어제 일은 많이 미안해.

앞으로는 너랑 놀이터도 자주 가고 숨바꼭질도 같이 해 줄게.

그럼 안녕!

형 종현이가

✏️ 소중한 사람에게 편지를 써 보세요. 받는 사람이 잘 알아볼 수 있도록 써야 해요.

독서 기록장 쓰기

📝 독서 기록장은 어떻게 써야 하는지 알아보세요.

> 읽은 책에 대한 간단한 정보(책 제목, 지은이, 출판사)를 적어.

읽은 날짜	2019년 5월 26일	지은이	안네 프랑크
책 제목	안네의 일기	출판사	○○ 출판사
생각과 느낌	힘들고 두려운 상황에서도 희망을 잃지 않는 안네의 모습이 매우 인상적이었다. 나도 안네의 용기를 본받아야겠다.		

> 책을 읽은 후의 생각과 느낌을 솔직하게 적도록 하자.

📝 민희가 쓴 독서 기록장이에요. 반듯하게 따라 써 보세요.

「안네의 일기」는 안네가 전쟁 때문에 은신처에서 숨어 살면서 쓴 일기를 책으로 만든 것이다.

➡

 독서 기록장을 왜 쓸까요?
책을 읽고 줄거리를 정리하고, 인상 깊었던 점을 쓰면서 책의 내용을 '나'의 것으로 만들 수 있게 되죠!

글씨 쓴 날짜

월   일   확인

다음 독서 기록장을 따라 써 보세요.

읽은 날짜	2019년 4월 17일	지은이	모름
책 제목	팥죽 할머니와 호랑이	출판사	○○ 출판사
생각과 느낌	「팥죽 할머니와 호랑이」에서 알밤, 자라, 송곳, 맷돌이 힘을 합쳐 호랑이를 물리치는 모습이 재미있고 인상적이었다. 작고 약해 보여도 힘을 합치면 큰일을 해낼 수 있다는 것을 느꼈다.		

위의 독서 기록장을 따라 써 봐.

읽은 날짜		지은이	
책 제목		출판사	
생각과 느낌			

저학년 바른 글씨

✏️ 다음 〈거인의 정원〉을 읽고 쓴 독서 기록장을 따라 써 보세요.

읽은 날짜	2019년 8월 20일	지은이	오스카 와일드
책 제목	거인의 정원	출판사	○○ 출판사
생각과 느낌	욕심꾸러기 거인이 자신의 욕심을 버리고 자신의 정원에서 아이들을 놀게 하자 정원에 따뜻한 봄이 찾아왔다. 나도 거인처럼 욕심을 부리지 않고 다른 사람이랑 잘 어울려 지내야겠다.		

읽은 날짜		지은이	
책 제목		출판사	
생각과 느낌			

📝 재미있게 읽은 책의 줄거리를 떠올리며 독서 기록장에 써 보세요.

읽은 날짜		지은이	
책 제목		출판사	
줄거리			
생각과 느낌			

친구들은 어떤 책을 가장 재미있게 읽었는지 궁금한걸?

나를 소개합니다!

글씨 쓰는 법을 떠올리며 아래 질문을 읽고 여러분의 대답을 써 보세요.

★ 나의 이름은?

★ 나의 성별은?

★ 나의 생일은?

★ 나의 별명은?

★ 나의 혈액형은?

Q. 나는 무슨 띠지?

Q. 나의 발 사이즈는?

Q. 내가 제일 좋아하는 숫자는?

● 글씨 쓴 날짜

월   일   확인

Q. 내가 제일 좋아하는 음식은?

Q. 내가 제일 싫어하는 음식은?

Q. 내가 가장 좋아하는 색은?

Q. 나랑 친한 친구 3명은?
1.
2.
3.

Q. 내가 제일 좋아하는 과목은?

Q. 감동 깊게 읽었던 책 제목은?

Q. 다음 어린이날에 받고 싶은 선물은?

저학년 바른 글씨 127

Q. 아침에 일어나는 시간은?

Q. 밤에 잠드는 시간은?

Q. 내가 제일 좋아하는 동물은?

Q. 내가 꼭 배우고 싶은 운동은?

Q. 내가 제일 싫어하는, 또는 무서워하는 동물은?

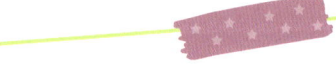

Q. 내가 제일 좋아하는 크리에이터는? 또는 챙겨보는 동영상 채널은?

Q. 내가 돌잡이 때 잡은 물건은?

Q. 나의 습관은?

Q. 짝꿍이 되고 싶은 친구는?
   그 이유는?

Q. 내가 제일 좋아하는 연예인은?
   그 이유는?

Q. 나의 장래희망은?

Q. 이 책을 끝내고 가장 하고 싶은 일은?

부록 노트

정답

Day 10 (54~57쪽)

1

2 ❶ 운동 ❷ 강아지 ❸ 소금 ❹ 어깨 ❺ 선물

3 세로 열쇠 ❶ 교무실 ❷ 화요일
　가로 열쇠 ❷ 실내화 ❸ 일기장 ❹ 감기

4 (순서대로) 꿈 / 키 / 물건 / 공놀이 / 밤

Day 16 (89쪽)

❶ 정말 고마워.　❷ 괜찮아. 너는 괜찮니?

Day 17 (93쪽)

❶ 울끈불끈　❷ 부글부글

Day 18 (97쪽)

❷ 한 입 크기로 썬다.
❹ 중간 불에서 끓인다.
❺ 접시에 완성된 떡볶이를 담고

Day 19 (101쪽)

❷ 또 다른 개 한 마리를 발견했어요.
❸ '저 녀석! 나보다 더 큰 고깃덩어리를 물고 있군.'

Day 20 (102~105쪽)

1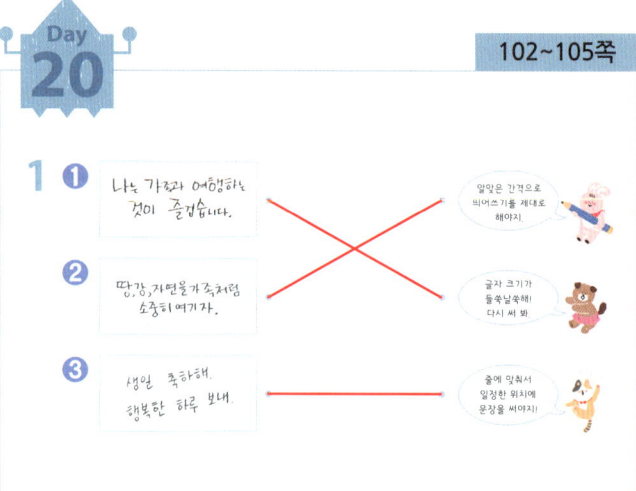

2 (순서대로) "앗, 내 소중한 공이 연못에 빠졌어!" /
"공주님, 왜 울고 계세요?" / "좋아요. 약속할게요."

3 ❶ 나비가 좋아. ❷ 나 물 좀 줄래?

4 (예시) ❶ 다은이가 미끄럼틀을 타고 있다.
　　　　　다은이가 모래 놀이를 하고 있다.
　　　　❷ 아빠가 설거지를 하고 있다.
　　　　　아빠가 그릇을 씻고 있다.
　　　　　아빠가 걸레질을 하고 있다.

5 ❶ 좋아! 나 읽고 싶은 책 있어.
　❷ 그래, 나도 먹고 싶었어!

학습 계획표

Day 01	Day 02	Day 03	Day 04	Day 05
선 긋기 연습하기	순서에 맞게 자음 쓰기	순서에 맞게 모음 쓰기	숫자, 연산 기호 쓰기	알파벳 쓰기
★14~17쪽★	★18~21쪽★	★22~25쪽★	★26~29쪽★	★30~33쪽★
월 일	월 일	월 일	월 일	월 일

Day 06	Day 07	Day 08	Day 09	Day 10
받침이 없는 글자 모양에 맞게 쓰기 ①	받침이 없는 글자 모양에 맞게 쓰기 ②	받침이 있는 글자 모양에 맞게 쓰기 ①	받침이 있는 글자 모양에 맞게 쓰기 ②	모양에 맞게 글씨 쓰기 복습
★38~41쪽★	★42~45쪽★	★46~49쪽★	★50~53쪽★	★54~57쪽★
월 일	월 일	월 일	월 일	월 일

Day 11	Day 12	Day 13	Day 14	Day 15
학교에 가면?	우리는 가족!	내 이웃 이야기	알쏭달쏭 나	봄, 여름, 가을, 겨울
★62~65쪽★	★66~69쪽★	★70~73쪽★	★74~77쪽★	★78~81쪽★
월 일	월 일	월 일	월 일	월 일

Day 16	Day 17	Day 18	Day 19	Day 20
일정한 크기로 글자 쓰기	일정한 위치에 글자 쓰기	알맞은 간격으로 띄어쓰기	문장 부호 바르게 쓰기	문장 쓰기 복습
★86~89쪽★	★90~93쪽★	★94~97쪽★	★98~101쪽★	★102~105쪽★
월 일	월 일	월 일	월 일	월 일

Day 21	Day 22	Day 23	Day 24	Day 25
그림일기 쓰기	알림장 쓰기	편지 쓰기	독서 기록장 쓰기	나를 소개합니다!
★110~113쪽★	★114~117쪽★	★118~121쪽★	★122~125쪽★	★126~129쪽★
월 일	월 일	월 일	월 일	월 일

기적의 학습서, 제대로 경험하고 싶다면?
학습단에 참여하세요!

꾸준한 학습!
풀다 만 문제집만 수두룩? 기적의 학습서는 스케줄 관리를 통해 꾸준한 학습을 가능케 합니다.

푸짐한 선물!
학습단에 참여하여 꾸준히 공부만 해도 상품권, 기프티콘 등 칭찬 선물이 쏟아집니다.

알찬 학습 팁!
엄마표 학습의 고수가 알려주는 학습 팁과 노하우로 나날이 발전된 홈스쿨링이 가능합니다.

길벗스쿨 공식 카페 〈기적의 공부방〉에서 확인하세요.
http://cafe.naver.com/gilbutschool